LA FIDÉLITÉ

CONSTANTE

D'UN PÈRE DE FAMILLE,

DANS SES AFFLICTIONS

SES CAMPAGNES MILITAIRAIRES EN FRANCE ET A L'ÉTRANGER,

SUR TERRE ET SUR MER.

PAR

J. J. A. DE SAINT-ROMANT,

Adjudant sous l'Empire et ancien instituteur.

———

Ce petit ouvrage est dédié au clergé, à la noblesse, à toutes les
personnes destinées à l'enseignement primaire, aux pères
et mères de famille, à la société et principalement,
à la jeunesse, que la lecture de cet opuscule
ne peut que conduire à la vertu.

—
1843.

Tout exemplaire non revêtu de ma signature, de celle de mon fils ou de ma fille, sera réputé contrefait, ayant fait le dépôt voulu par les lois.

PRÉFACE.

Je suis bien aise de donner à mes lecteurs dans cette petite brochure un faible abrégé de la fidélité constante que j'ai toujours gardée dans toutes les afflictions qui ont accompagné ma vie politique. Jusqu'à ce jour j'ai mis tout mon avenir entre les mains de la providence qui n'abandonne jamais ceux qui s'adressent à elle. A peine ma quarante – septième année s'est écoulée, que je puis dire avec la plus sincère vérité, que depuis mon âge de connaissance je me suis trouvé dans une position, en différentes époques, très-embarrassante; j'ai cependant, avec la protection d'en haut, tout supporté avec la plus grande résignation, ayant sans cesse le nom de la mère de Dieu présent à ma pensée, étant persuadé que tous ceux et celles qui invoquent son saint nom ne sont jamais abandonnés. Aussitôt il me semblait que tous les tourments de la vie n'étaient rien pendant le court pélerinage que nous faisons sur la terre pour mériter un jour le bonheur que Dieu accorde à ceux et celles qui savent prendre le tout avec patience ici-bas. Venir au secours de l'infortune selon nos moyens, ne pas dépenser nos revenus à de folles dépenses comme le font bien souvent plusieurs riches qui oublient que la fortune que Dieu a placée entre leurs mains, après en avoir pris pour leur nécessaire, ne leur appartient pas, que le reste doit être consacré à soulager les malheureux : En suivant ce précepte, on est sûr, en quittant cette terre d'exil après son trépas, de jouir du séjour des bienheureux. Puissons-nous, mes chers lecteurs, avoir cet avantage; c'est-là le bonheur que je vous souhaite à tous.

En parcourant le fil des événements surve-
nus en France depuis nos jours, nous en avons
un qui fixe toute notre attention, qui est
celui de 1789, dont le souvenir est pénible à
mon cœur, puisque mes ancêtres furent victimes de ses funestes ravages. Il ne restait pour
ainsi dire aucun membre de ma famille que ma
mère, dont l'état de grossesse l'empêchait
sans doute d'aller chercher son salut sur une
terre étrangère ; elle fut se refugier chez un
bûcheron pour y faire ses couches. C'est-là,
au milieu de la forêt de Chafier, que je pris
naissance ; mon frère sortant du collége vint
se joindre à elle : Voilà cette pauvre mère
dans un état bien malheureux, sans aucune
ressource, obligé de recevoir les faibles secours que le pauvre bûcheron pouvait lui
prodiguer, n'étant point lui-même très-avan-
cé sous le rapport de la fortune: ceci procurait
à ma mère un double chagrin, ensuite le souvenir de ses parents la rendait inconsolable.
A peine ayant les habillements nécessaires,
tant pour elle que pour mon frère, manquant
du linge le plus urgent pour donner à un
nouveau né ; enfin, aussitôt qu'elle eût appris
que tout était devenu calme, elle remercia
le bûcheron, en lui souhaitant toute sorte de
bonheur, prit congé de lui, me portant dans
ses bras, mon frère à ses côtés, quitta cette
pauvre chaumière ; et fut trouver une parente qui était échappée des mains des bourreaux,
et dont, par le plus grand effet du hasard,
les biens n'étaient point vendus, ni les titres
brûlés comme ceux de la famille de Saint-
Roman, et de celle d'Alençon, dont le cin-

quième fils de Catherine de Médicis, portait
le nom de duc d'Alençon, qui mourut sans
être marié. Ma mère éprouvant tant d'inquié-
tudes se vit à ne pouvoir plus m'allaiter, sa
parente fut lui chercher une nourrice, chez
laquelle je restai jusqu'à onze mois. Cette parente ne jouissait pas d'une grande fortune ;
elle n'avait que pour elle, à vivre bien simplement. Ma mère me retire de chez ma
nourrice. Aussitôt elle reçoit la nouvelle de
la mort de mon père ; le chagrin s'empare de
plus en plus d'elle et ne savait ce qu'elle allait
devenir avec ses deux enfants. Bientôt la fortune vint lui sourire : un de ses oncles d'Alençon, ancien grand-vicaire de Vaison, rentra
en France, et fut placé dans un poste fort
avantageux ; il prit soin de ma mère, de mon
frère et de moi, et continua les études de son
neveu. Dès que je pus aller moi-même en
classe il m'y envoya. Notre position fut tout-
à-coup changée ; il ne restait plus à ma mère
et à mon frère, qui était en âge de connaissance, que le triste souvenir d'avoir perdu
corps et biens. Ce bon oncle, qui avait tant
souffert lui-même, tâchait de la détourner de
penser si souvent à la perte de ses parents ;
mais ce grand oncle étant déjà fort avancé en
âge, la mort vint nous l'enlever. Que devint
donc la nouvelle position de ma mère ? ce fut
d'être réduite de nouveau à la bienfaisance des
personnes charitables. Quelqu'uns de ceux qui
avaient acheté nos biens eurent égard à sa
position, et lui promirent une pension pendant son vivant, sous les conditions qu'elle
ratifierait la vente des biens qu'ils avaient
achetés de l'État. Elle consentit à cette pro-
position, étant si misérable.

Avec cette petite pension, elle se retira avec sa parente et elles mangèrent leurs petits revenus ensemble, mon frère avait fini ses études; il prit la profession des armes sous l'empire; l'empereur Napoléon sut fort bien apprécier sa naissance et récompenser son mérite, il parvint au grade d'officier supérieur, et passa en cette qualité dans nos possessions d'Amérique, dans la Guadeloupe où il fut victime de la brutalité de ses esclaves; ce frère m'offrait un avenir très avantageux. Que fit donc de moi ma mère? elle me mit en pension à Saint-Jean-en-Royan, sous l'abbé Fière, ancien grand-vicaire de Valence. Cette institution avait pour habitude de faire chaque année une promenade sur une de ces hautes montagnes du Bas-Dauphiné, appelées Lantes, sur laquelle on découvrait le Vivarais, la Provence, le Languedoc, et tout le restant du Bas-Dauphiné, ce qui était un coup d'œil fort beau. Cette promenade avait lieu tous les ans au mois de juillet. Trois à quatre jours avant le départ, on voyait charger une quantité de voitures des vins nécessaires pour les élèves; elle était désirée trois mois d'avance, tout était en mouvement, on voyait M. l'abbé Fière se disposer à nous accompagner. Arrivé sur cette montagne, on parcourait une vaste pleine émaillée de fleurs, ensuite quantité de fraise; chaque élève en ramassait pour en offrir à M. l'abbé Fière et à MM. les professeurs au moment du dîner et du souper. Aussitôt que la nuit nous couvrait de ses ténèbres, la cloche nous appelait tous auprès de ce bon Mentor pour faire la prière, ensuite chacun se faisait un lit sur la verdure; on était enchanté de voir les belles peluches ornées de beaux ormeaux, chênes blancs et chênes verts; on voyait ces beaux troupeaux de la Provence paître; on ne pensait plus à la ville. Il me semblait que nous devions rester toujours dans cette vaste solitude; mais bientôt il ne me fut plus possible de pouvoir partager cette récréation si pittoresque: ma mère étant fatiguée de payer une pension qui lui coûtait en tout sept cents francs, je pris le parti, après avoir travaillé quelque temps chez un homme d'affaires, où je ne gagnais rien, je pris, dis-je, le parti d'embrasser la carrière militaire, croyant être plus heureux que mon frère. Ayant consulté la providence sur ma vocation, je fus trouver le marquis Decorche, préfet de la Drôme, en lui faisant part de mes intentions: ce magistrat me reçut d'une manière très-affable, et me demanda mon âge, je lui dis: je n'ai pas encore ma 17me année, il me repondit ne pouvoir me faire contracter un engagement militaire, alors je lui dis: M. le préfet vous devez sans doute vous rappeler mon nom, ou du moins il est sur votre registre; j'étais au collège de Saint-Jean-en-Royan l'année dernière, et c'est vous, Monsieur, qui avez fait la distribution des prix; il me demande mon nom, son livre à la main, et me dit: c'est vous qui avez obtenu deux prix? Oui Monsieur. — Eh bien, puisque votre famille a fourni à la France des hommes marquants dans nos armées, d'après ce que m'a dit M. l'abbé Fière, et qui datent depuis Thierry II, d'après une note bien conservée par madame votre mère, et une autre de la chronologie de votre famille qui donne les noms de ses membres jusqu'à ce jour, je prends ceci sur moi; dans quel pays voulez-vous aller, dans quel regiment? je lui repondis : en Italie, au 35me léger, en garnison à Livourne (Toscane) ; eh – bien, un détachement de conscrits, composé de 300 hommes, est destiné pour ce regiment, je vous fais fourrier de route, avec une recommandation que je vous remettrai en partant, pour le colonel ; j'espère que vous en continuerez les fonctions au corps ; vous allez avec le frère du général qui va conduire le détachement ; vous partirez le 9 juin. Pendant cet espace de temps je fus faire mes adieux à cette pauvre mère et à ma parente : je leur fis part de mes intentions en les priant de ne pas m'oublier dans leurs prières : que de mon côté j'en ferais de même, elles ne peuvent me repondre, je voyais les larmes couler en abondance de leurs yeux ; je tâchai de retenir les miennes de mon côté, il m'était impossible.

Le 9 Juin 1812, je partis à 2 heures du matin, pour me rendre à Valence ; je fus à la préfecture, trouver M. le Préfet ; en me voyant il me fit la lecture de la lettre qu'il avait écrite en ma faveur après l'avoir cachetée, il me la remit ; au même instant je remerciai ce magistrat des bontés qu'il avait pour moi, et je lui dis qu'en temps et lieu je lui prouverais ma plus vive reconnaissance et qu'il n'aurait pas regret de s'être intéressé en ma faveur ; qu'à ma rentrée en France, si Dieu me faisait la grâce de revoir ma patrie, je viendrais le remercier.

A midi nous nous mîmes en route par Roman avec M. Quiot ; nous traversâmes toute la Savoie, pays fort montagneux, point de ville marquante que Chambéry, ville fort jolie, (c'était là la résidence du duc de Savoie ; le palais est fort beau) ; Montmeillan, connu par ses bons vins ; Saint-Jean-de-Maurienne, Lansbourg au pied du Mont-Cénis, où Napoléon fit construire une magnifique caserne avec une belle fontaine au milieu de la cour.

Ce pays est pauvre ; il n'y reste en hiver que la quantité de personnes qui ont récolté de quoi se nourrir, les autres voyagent ; le savoyard est très intéressé, mais attaché à la religion ; les églises sont bien ornées, les habitans assistent régulièrement aux offices.

Ce fut à Saint-Georges où je me vis obligé en ma qualité de fourrier, malgré la faiblesse de mon âge, de faire quelques observations au maire de cette commune ; ce qui arrive souvent à la plupart de ces pauvres maires de campagnes, lorsqu'ils ont quelque différent avec les administrés.

Une jeune dame de qualité, veuve, se présenta à moi en me faisant des reproches de ce que je lui avais donné le tambour avec son camarade pour loger, tandis qu'elle ne logeait jamais que des officiers et des sous-officiers ; je lui répondis : Madame, ce n'est pas moi qui ait fauté le premier, c'est le maire de votre commune qui doit connaître les facultés de ses administrés ; néanmoins je vais vous retirer le tambour et son camarade, et je vais l'envoyer à mon logement, et si cela vous plait j'irai coucher seul chez vous. Elle me répondit : Oh, M. le fourrier, que vous me faites plaisir ! et si M. le maire connaissait ses fonctions, lui dis-je alors, vous ne devriez pas en avoir du tout. Aussitôt, j'ordonnai au tambour et à son camarade d'aller à mon logement ; il y avait eu erreur de la part du maire en me donnant les billets de logement et je fus trouver ce magistrat, en lui disant que ce n'était point ainsi qu'on se conduisait dans l'exercice de ses fonctions. Il ne put s'empêcher de me dire que c'était pour punir cette dame qu'il avait logé le tambour, à la suite d'un différend qu'il avait eu à l'occasion d'une limite.

Je fus donc loger chez cette dame; à mon arrivée, je vis qu'elle avait préparé un repas magnifique à mon occasion, en me disant que si j'avais quelqu'un de distingué dans le détachement je pouvais les amener souper avec moi. J'avais deux jeunes gens très polis, qui avaient fait quelques études, je les invitai à m'accompagner. Nous eûmes un fort beau repas, différentes qualités de vins; tout fut bien assorti; nous nous levâmes de table à minuit, heureusement que nous avions séjour le lendemain. n'ayant pu rester à Saint-Jean de-Maurienne.

Qoique la Savoie soit mauvais pays, je ne le trouvais pas mauvais; ce n'était point là le logement d'un tambour, cette dame avait reçu une certaine éducation, elle avait en outre une jeune demoiselle qui sortait de pension, fort aimable; en effet cet dame était la plus apparente du pays. A mon départ, elle me remit quelques pièces de cinq fr. pour faire ma route, en me recommandant, si je passais dans le pays, d'aller lui rendre ma visite : je suis encore à la voir.

Ensuite nous nous dirigeâmes sur le Mont-Cenis où pour arriver il y a de distance en distance des baraques où reste un cantonnier à chaque, pour ôter la neige afin de pouvoir circuler facilement, malgré que ce fût dans la belle saison la neige ne manquait pas cette année là ; ce jour là il fesait un vent très-violent qui nous incommodait beaucoup.

Arrivés au couvent, nous eûmes ration et demie et le vin, nous fîmes séjour et nous passâmes la revue du commandant de place. Ce couvent est très vaste, c'étaient des moines qui dirigeaient l'établissement, il y a auprès un superbe lac.

Après nous primes la route de Suze-la-Brunette pour entrer en Piémont. Bien des personnes y descendent par des traîneaux; arrivés dans le pays on dirait qu'on entre dans un paradis terrestre, en comparaison de la Savoie, on voit pour se rendre à Turin, de magnifiques plaines de riz fertiles en toutes sortes de grains, de belles maisons de campagne en Piémont; la basse classe mange en partie de la poulainte, elle n'est pas malheureuse.

Arrivés à Turin, je ne pouvais trop contenter ma curiosité en voyant une ville aussi belle, des palais magnifiques, des rues fort régulières, ornées autour de belles maisons de campagne, des églises superbes; sur la place d'arme on aperçoit les 4 portes, son beau pont sur le Pô. Je puis dire que le peu de séjour que nous y avons fait ne m'a pas duré, le peuple est très humain, il y a, malgré le grand luxe, beaucoup de réligion; nous étions fort bien reçus chez les habitants.

Près Turin on voit ses superbes plaines de riz qui se vendait en 1812 0,15 centimes la livre, en première qualité; ensuite nous sommes partis pour Alexandrie, en passant par Asty, où on recolte des vins excellents; cette ville est fort bien bâtie; dons la route ont découurait de magnifique pays dedroite et de gauche, arrivés à Alexandrie nous avons vu un beau pont voûté, fort étendu sa belle place d'armes, ses belles casernes, des rues superbes, il me semblait être encore à Turin quoique cependant il n'y ait pas de comparaison.

Cette ville est entourée de plusieurs maisons de campagne, des forts; le terrain est fertile en tout; auprès on y voit pour se rendre à Novi, la plaine de Marengo où les Français remportèrent une si grande bataille; c'est là où le général Desaix termina sa carrière. Une grande pyramide est érigée à sa mémoire; je pense que malgré toutes les pertes des Français, elle existe encore aujourd'hui.

Novi n'est pas très-bien située, elle est trop près des montagnes; cette ville à beaucouq souffert sous les guerres, on voit encore dans les remparts des boulets. Je me rappelle qu'il y a quantité de fruits de toutes espèces; passé ce pays on ne voit plus rien que des montagnes pour arriver à Gènes; alors je trouvai un grand changement, je pensais être encore en Savoie; mais je n'avais plus la respectable dame de St-Georges. Bientôt nous voilà arrivés à Gènes. par la porte aux Anges, tout fut bien changé, cette ville qui abonde en tous genres par son beau port et ses belles campagnes; elle est grande, bien peuplée, des rues fort étroites, des édifices superbes, des églises baties en marbre, de belles places, enfin nous n'y restâmes pas long-temps pour contenter notre curiosité.

Nous voilà partis pour l'Aspécia, ville qui a un port de mer superbe, nous y fîmes séjour, elle n'est pas grande; pour y arriver nous suivions les Apennins par un petit chemin le long de la Mer Méditerranée, il n'aurait pas fallu faire un faux-pas, car on se serait précipité dans la mer, les côtes sont riantes, ornées d'oliviers, orangers, citronniers, figuiers, mûriers, belles maisons de campagne. L'Italie est fort bien bâtie, il n'y a pas de comparaison avec la France.

Nous voilà donc arrivés à Chivary, c'est là que je fus bien logé, chez un juge du tribunal civil; ce magistrat me combla de mille honnêtetés; je fus, pendant le séjour que nous fîmes dans cette ville, toujours admis à sa table, il avait deux demoiselles fort instruites, l'aînée cherchait toujours le moment que j'avais à moi pour pouvoir me questionner sur la France, je tâchais de lui donner tous les renseignements que la faiblesse de mon âge me pouvait permettre, notre séjour ne fut pas assez long tant j'étais bien chez ce respectable Monsieur. A mon départ il me mit dans la main cinquante francs, en me souhaitant toutes sortes d'avancements dans l'armée, et que si je repassais dans cette ville, je ne prisse pas d'autre logement que le sien, son épouse et ses demoiselles me souhaitèrent toutes sortes de bonheurs. Me voilà parti avec le détachement pour Pise, où on voit une tour fort élevée, penchée; cette ville m'a paru belle, quoique je n'aie fait que la traverser; M. Quiot m'ayant ordonné de partir pour Livourne, afin d'annoncer au dépôt l'arrivée du détachement; c'est à Pise où la princesse Marie termina sa carrière.

Arrivé à Livourne avec un conscrit, c'était très tard, et pour comble de bonheur, nous fumes obligés de rester long-temps à la porte étant embarassée par plusieurs voitures de foin, il était bien nuit, lorsque nous fîmes notre entrée dans cette ville je fus à la mairie pour avoir un logement, et on me logea chez un avocat; Aussitôt entré chez ce monsieur, je laissai mon jeune homme pour aller voir capitaine commandant, M. Galiana, juge du tribunal civil, restant place Saint-Jean, n° 51; sa fille aînée s'appelait Bendette.

Le dépôt pour lui annoncer que le détachement commandé par le capitaine Quiot, venant de la Drôme, arriverait le lendemain. Ce Monsieur était du Dauphiné, dès qu'il me vit fut fort content, me pria de souper avec lui, il me dit vous coucherez ici chez moi, alors je lui répondis: jai un jeune homme de la Drôme avec moi, qui est dans notre logement. Allez le chercher, il soupera avec nous. Le lendemain je fus voir M. le colonel pour lui remettre ma lettre de M. le Préfet; aussitôt la lecture, vous allez travailler chez le quartier-maître, et vous serez fourrier, en subsistance 3 jours après, M. le commandant du dépôt me fit passer fourrier en activité dans sa compagnie, qui était le 3 juillet 1812, le 16 septembre même année, sergent des voltigeurs, le 31 décembre 1812 sergent-major aussi des voltigeurs; adjudant sous-officier le 3 mai 1813; à une revue de la sœur de l'Empereur, dont le mari commandait la Toscane, je fus proposé au grade de sous-lieutenant; et marqué pour la croix de la legion d'honneur le 18 décembre 1813. Les événements de 1814 portèrent obstacle à mon avancement, à la suite d'un trait de bravoure qui fut de faire monter sur les remparts de Livourne, cent jeunes soldats à peine habillés; je parvins par mon courage à chasser l'Anglais du faubourg Saint-Pierre, et lui enlever un drapeau, malgré la faiblesse de mon âge. Embarqué sur la Goëlette le 18 février 1814, pour l'Ile d'Elbe, ensuite Naples, Ajaccio (Corse), mon embarquement n'eût lieu qu'après avoir été en détachement à Florence dont je ne puis trop faire d'éloge de cette ville, tant elle est belle. Le duc de Savoie avait bien raison de dire qu'elle ne devait être montrée aux étrangers que les jours des dimanches et fêtes ; il est vrai elle possède des édifices remarquables, sa position est magnifique.

Nous avons été à Syracuse, ville antique, avec un beau port sur la mer, à la distance de 536 lieues de Paris ; cette ville récolte des vins excellents, c'est une des belles villes de Sicile,

Naples est fort beau, il y fait très chaud, le commerce est interrompu pendant le jour en été, et prend son cours la nuit, il y a des personnes sans demeure, elles errent sans cesse les rues ; Auprès on voit le Mont-Vésure. Porto-Ferayo est sur un rocher près de la mer, cette ville n'est pas belle, c'est là où Napoléon fut rélégué en 1814. Etant en détachement en Calabre, nous n'étions pas heureux, couchés au bivouac, couverts de poux, qui étaient sur trois rangs sur nous, pas de pain, notre position était bien triste, avec un très mauvais pays de montagnes ; voilà le sort que nous avions : malgré tout cela cet esprit guerrier ne me quittait pas, il me semblait toujours entendre gronder le canon les jours que nous étions en repos ; en Corse nous n'étions pour ainsi dire pas mieux qu'en Calabre ; ce pays n'est pas riche, mais fertile en science nous en avons vu l'expérience, j'ai été bien souvent dans la maison de Napoléon, lieu où il prit naissance.

On mange en Corse de la chèvre, viande qui ne me convenait point ; le pain n'y est pas bon, les habitants sont nourris de châtaignes en partie ils sont fort adroits pour la chasse.

Delà nous débarquâmes pour revoir le beau ciel d'Italie, j'eus le plaisir de voir Milan, qui est curieux ; nous faisions partie de l'armée de réserve du vice-roi le prince Eugéne. J'ai vu Plaisance, la ville de Parme, on peut dire que c'est un beau séjour, Marie Louise a un beau duché, elle est bien chérie de ses sujets ; après sa mort ce duché passera à la reine d'Etrurie ou à ses successeurs, telles furent les conventions en 1814 des Alliés.

La ville curieuse d'Italie, c'est Venise, bâtie sur pilotis, Vérone, Mantoue. Tous ces pays sont charmants; on voit en Italie du beau sexe, mais beaucoup de luxe, le peuple est fort pour la musique et bien porté pour la réligion.

Revenus à Alexandrie, nous en sortîmes le même jour que Pie VII y entra revenant de France de sa captivité pour se rendre dans ses états.

Delà nous fûmes dirigés sur la Suisse, pays assez agréable selon moi, on y voit Genève, ville fort grande, auprès de laquelle il existe un superbe lac. Cette ville est habitée par quantité de grands personnages; les Suisses sont bons; ce pays est froid et beaucoup de montagnes, je m'y plaisais passablement, ensuite la confédération du Rhin, pays où les habitants ne possèdent pas grand mobilier, trop exposés au passage des troupes; dès que la guerre éclate les pauvres gens se trouvent malheureux en temps de guerre; de ce pays nous vînmes de nouveau en Piémont, passant par Pignerol, pour nous rendre à Nice, qui est une jolie ville, elle récolte tout ce qu'on peut désirer au monde.

Revenus pour rejoindre l'armée Française en Savoie, nous fûmes cernés par les autri-chiens sur le Mont-Cenis., et le 7 mai 1814, nou quittâmes ce couvent pour entrer en France, nous traversâmes les troupes étran-gères en Savoie; arrivés à Grenoble, on nous fit bivouaquer près le faubourg St-Laurent, à cause des troupes Autrichiennes.

Près Pignerol, dans notre retraite, on nous logea dans une espèce de ferme où les maî-tres s'étaient sauvés, nos voltigeurs mirent dans une chaudière 36 poulets, et ils dé-couvrirent dans la cave un lieu de 300 bou-teilles de vin d'Asty, qu'il n'y eût pas de trouble entre les deux nations ; dès le len-demain nous fûmes dirigés sur Fenestrelles, passant près des bivouacs Autrichiens, ils portaient des branches d'arbres pour lauriers à leur casques, comme s'ils avaient gagné, les braves qui furent destinés pour l'île d'Elbe passèrent au milieu de nos rangs. Je me voyais donc, après la restauration de 1814, privé de l'avantage que pouvait me procurer la carrière militaire, quoique ayant éprouvé dans la campagne de 1812, 1813 et 1814, n'ayant eu pour matelas que la terre, exposé à la rigueur de la température du temps, je fis la courte campagne de 1815 ; la nouvel-le chute de Napoléon me fit verser une a-bondance de larmes, malgré que le retour des princes légitimes offrait à la France un avenir brillant, mais il faut dire que, quoi-que encore enfant, j'étais bon serviteur, je regrettais le sort de mon auguste maître.

En 1815, après la nouvelle chute je profitai du licenciement de l'armée, pour venir auprès de ma mère; si j'avais resté sous Louis XVIII, j'aurais eu de l'avancement.

Rentré dans mes foyers, il fallait prendre un parti pour me procurer le moyen d'exister, je pris celui d'entrer dans l'enseignement primaire, qui n'offre que des ronces et des épines, il me fut facile d'obtenir un brevet de capacité, par l'académie de Grenoble, qui me fut délivré le 16 décembre 1816, je n'eus pas grand peine d'avoir un poste. Après y avoir resté quelque temps, les habitants m'engagèrent à me marier, comme font encore aujourd'hui, comme si le mariage était bien nécessaire à un instituteur; à peine peut-il gagner pour lui, comment pour une seconde personne? enfin une demoiselle d'une respectable famille me fut procurée par ces bons habitants, ma demande fut accueillie des parents, et notre mariage fut bientôt arrêté, je ne fus pas heureux, mon épouse fut pendant les huit ans de mariage toujours malade, et les trois dernières années fûrent pour moi très-coûteuses; cette maladie était sans remède, il aurait fallu ne pas autant dépenser pour les médecins et pharmaciens. Comme en été on ne faisait pas de classe, je m'occupais d'un petit commerce de vin en gros. Pendant que j'étais sur le point de perdre mon épouse, j'éprouvai une banqueroute des vins que j'avais envoyés à Lyon, me voilà dans une triste position, mon épouse succomba, me laissant trois enfants en bas âge, sans fortune. Que devint donc ma position, il fallait consulter la providence en pareille occasion, comme elle le doit être dans toutes nos actions.

Je venais de perdre ma mère depuis quelques mois, je ne savais comment m'y prendre, il fallait donc une nouvelle épouse, la providence m'en donna une qui prit soin de mes enfants, non comme une belle-mère, mais comme une vraie mère; on trouve ceci difficilement, il était donc prudent de lui faire connaitre ma position, que le peu de bien que j'avais, suffisait bien juste pour acquitter mes dettes; plus heureux de ce côté que le saint-homme Job, qui avait perdu tous ces biens; son épouse au lieu de le consoler, l'accablait de mille injures; elle prie tout cela en bien, et après avoir réglé mes affaires je l'engageais à venir végéter auprès de Paris, pour y exercer la profession d'instituteur, à laquelle j'ai été obligé de renoncer, ayant la vue très-faible; en y renonçant il fallait trouver un autre moyen pour vivre et donner une faible éducation à mes enfants; je pris une patente d'écrivain public : Bien des personnes venaient implorer le secours de mon ministère; ce moyen me donnait de quoi vivre, entretenir mes enfants, les envoyer en classe. Bientôt la calomnie, ou plutôt la jalousie s'empara de moi; ceux à qui j'avais fait autant de bien que mes moyens me l'avaient permis, portèrent plusieurs dénonciations contre moi, ayant pour toute défense que je m'occupais des affaires contraires aux lois; mon successeur, avec celui dont j'avais été l'auteur qu'il était devenu le premier magistrat de ce pays, saisirent un moyen bien simple pour arriver au but qu'ils se proposaient,

ils se servirent de l'organe d'un jeune homme de 17 ans, pour lequel j'avais été cause
qu'un respectable monsieur lui avait prêté
une somme de 350 francs, par ma connaissance; ils lui demandèrent combien je lui
avais pris d'honoraires pour mes démar-
ches dans bien des affaires que j'avais faites
pour lui, et que s'il voulait les croire on
lui ferait avoir une somme considérable; en
effet, il dit m'avoir donné 225 francs et plus,
mais qu'il ne se rappelait du reste : Tout ceci
était bon, il fallait encore trouver d'autres
personnes de ce genre, ce qui est bien facile aujourd'hui, dans le siècle où nous vivons, plus de religion, plus de morale : Cependant ils s'adressèrent à des personnes pour
qui j'avais travaillé, qui les reçurent bien
loin de leur manière de penser : Je loue
leur délicatesse, mais dans le nombre il y
en eût qui furent de leur bord; voyant cela je
pris, après avoir consulté de nouveau la
providence, le parti d'aller voyager en Belgique et en Hollande, pendant quelque temps,
en attendant que l'orage qui grondait si fort
contre moi, fut calmé; profitant de cette
occasion pour connaitre les pays où je n'a-
vais pas été comme militaire : la veille de
mon départ j'annonçais à une de mes filles,
âgée de onze ans, que j'allais faire absence
de huit jours pour voir sa maman qui était à
Melun, pour avoir soin des vers à soie de
M. le Sécrétaire général de la Préfecture
de Seine-et-Marne; nous avions confié cette
enfant à une voisine; le même jour j'avais
été faire part de mon départ à M. le curé de
la paroisse; personne n'en avait connaissance
que lui; ma séparation avec cette enfant

fut bien pénible ; néanmoins je retins mes larmes pour ne pas lui faire de la peine en la voyant partir avec le reste du pain qu'elle m'avait remis pour faire un léger souper ; le lendemain je partis de grand matin, sans faire beaucoup de bruit, afin de ne pas me faire entendre de mon successeur, qui pour comble de bonheur, était devenu mon voisin depuis quelque jours : Passant dans la ville de Fontainebleau, mes regards furent fixés sur le séminaire d'Avon, où était en pension le plus jeune de mes fils, je ne pouvais aller le voir parce qu'à cette heure les parents ne pouvaient entrer.

Arrivé à Melun, je fus à la campagne de Vau, voir mon épouse en lui faisant part de mon départ, ce monsieur me pria de passer la journée à Vau, et le lendemain après avoir déjeûner, pendant lequel je formais mille regrets de laisser ma famille ; ce monsieur ne savait nullement mes intentions ; un peu avant midi je pris congé de lui en le remerciant de son honnêteté, avant mon départ je fus faire un dépôt de six francs à mon respectable curé, pour acheter du pain à ma fille, jusqu'à ce que sa maman rentrât à la maison, aussitôt la vapeur, *le parisien*, sur lequel je devais m'embarquer pour Paris, sonna la cloche : ce fut là notre séparation avec mon épouse, mes regards furent fixés sur elle tant que je pus l'apercevoir, ma main élevée vers le ciel lui annonçait ma douleur, enfin il fallut me consoler ; à mon débarquement à Paris, je pris la route de la Belgique, et je fus coucher à quelque distance de Paris, la nuit me couvrait de ses ténébres, j'entre dans une auberge pour y loger, je n'étais pas bien chargé d'argent, car pour ce voyage je n'avais que 24 francs, après avoir laissé quelques sols à mon épouse. Dans cette même auberge il arrive un voyageur qui était chagrin de la perte qu'il venait de faire, il avait perdu son épouse la veille ; voilà deux voyageurs bien triste, le souper que nous fîmes fut arrosé de nos larmes, le lendemain nous prîmes chacun notre route en nous souhaitant, l'un et l'autre, un meilleur avenir ; je traversais une partie de la Picardie, pays où les habitants sont très-bons ; je buvais du cidre pas cher, je le payais trois sols le litre ; je fus au château de Ham, où le prince Louis Nopoléon est détenu, c'est une belle tour, ensuite je fus en Flandre. Pour arriver à la frontière, la ville la plus marquante c'est Lille : cette ville est magnifique, son horloge est curieuse, les rues sont belles, en Flandre le peuple est bon, la boisson c'est la bière, les maisons sont bâties en bois, les habitants fabriquent beaucoup de toile. Avant de passer la frontière peur entrer en Belgique, j'ai jeté mes regards sur ma patrie, ayant toujours à ma pensée ma pauvre famille, comment je devais donc m'y prendre sur cette terre étrangère, pour pouvoir exister et gagner quelque argent pour faire passer à mon épouse. J'avais acheté en France quelques crayons, j'allais les offrir aux écclésiastiques et aux instituteurs ; ces MM. me les payaient plus sans doute de leur valeur, mais ils ont des pièces qu'on appelle sens, demi-sens, que pour payer un repas d'un franc il en fallait une pleine poche. Après avoir pour ainsi dire parcouru tout ce royaume, voyant que je pouvais mettre bien peu de chose de coté, je pris la résolution de rentrer en France; je pourrais faire ici un tableau sur la position de ce pays; il est fort joli, surtout la province d'Hainaut, on y voyait des froments de toute beauté; près Mons, on trouve le Bourinage, pays fort pour le commerce du charbon; au près il y a un beau canal, on voit de magnifiques églises bien ornées, le peuple est fort pieux, le clergé est tout-à-fait revêtu de l'habit ecclésiastique; il ne sont pas très humains, ni les habitants, envers les Français; il me semble que la France leur à rendu de grands services; depuis 1830, les fête patronales sont appelées le Mont-Carmel. Mons est fort beau, bien fortifié, depuis le prince d'Orange, la place est belle, l'hôtel de la mairie est d'une antiquité fort reculée, les rues sont assez étroites.

Auprès de Mons, on trouve de belles prairies, à peu de distance de là, on construit un chemin de fer pour se rendre de Bruxelles à Paris, les environs de Mons et Namur, ni parlent pas mal le français, mais passant en Brabant, on ne peut plus se faire entendre dans la campagne; j'ai vu le Mont-Saint-Jean, Vaterloo, si célèbre par la bataille de 1815, où la garde Imperiale montra tant de courage.

Delà j'ai dirigé ma marche sur Anvers, je ne suis pas surpris que Guillaume avait tant de regret de perdre cette place, vu que c'est une belle perte pour un royaume; cette ville est grande, bien fortifiée, fait un grand commerce en tout genre; je me suis aperçu qù'elle est très utile au roi des Belges, car son royaume est fort peu étendu. La tenue de sa troupe est belle. On voit en·Belgique, le collège de Bonne-Espérance.

Etant près de la Hollande, j'ai voulu la connaître avant de venir sur Bruxelles; je trouvais les habitants meilleurs qu'en Belgique; ce royaume est assez beau, on y voit de magnifiques châteaux, plus que dans les pays Bas. La Hollande fait un grand commerce pour la mer. Ce pays n'est pas facile à prendre, par la quantité d'eau qu'on y trouve; cependant Les Français y furent jadis planter leur étendard.

J'ai ensuite dirigé ma marche sur Bruxelles : cette ville est magnifique, son palais du roi, son beau parc d'artillerie, ses belles places et promenades. On trouve beaucoup d'étrangers dans cette ville, beaucoup de jeunes gens des deux sexes anglais, dans les pensions. La boisson connue en Hollande, est la bière, le vin est très cher; on boit à Bruxelles du farot, qui se vend le double de la bière, boisson qui n'est pas bonne pour celui qui se met en ribote, elle vous rend malade bien plus que le vin; si je n'avais pas eu une famille à soutenir j'aurais trouvé bien facilement à rester pour enseigner le français dans de bonnes maisons mais cela ne pouvait me convenir, ayant l'éducation de mes deux plus jeunes enfants à continuer, je pris le parti de revenir en France, j'écrivis à mon respectable curé le jour de mon arrivée, afin d'en faire part à mon épouse : ma commission fut bien faite, cette infortunée s'empressa de venir au devant de moi avec ma petite; il était temps que la providence me ramenât auprès d'eux.

En partant j'avais laissé trois poules, un coq et un chat, et d'une grosseur qui valait lui seul le montant des trois poules, il était de la race russe, ces poules étaient vendues, non le coq, qui avait été mangé par de bons renards; cette pauvre bête eut beaucoup à souffrir entre leur pattes; sans doute que s'ils avaient pu tenir ainsi son maître il aurait passé un très-mauvais quart-d'heure. Aussitôt qu'on m'apprit cette nouvelle, j'en formai le plus vif regret, tant je tenais à ce coq.

Après ma rentrée je m'occupais à continuer le placement d'une petite brochure comme auparavant, après avoir remis à mon épouse le peu d'argent que j'avais de mon grand voyage. Pour mettre plus d'activité à la vente, je donnais à mon épouse un rendez-vous pour m'apporter des exemplaires, un jour cette infortunée ayant manquée d'arriver bien longtemps après l'heure indiquée, je me rendis à mon domicile, et elle était partie, elle parcourut une partie d'une vaste plaine; s'étant trompée de chemin, elle arriva dans une commune à deux lieues de mon domicile, fut coucher à l'auberge; le lendemain je me rendis au même lieu, ne l'ayant pu trouver; tout-à-coup je l'aperçois au loin venir me trouver : voilà mon chagrin de ce côté passé c'était dans un hameau, il n'y avait pas de cabaret, nous priâmes une brave femme de nous vendre une bouteille de vin avec quelques œufs et nous fîmes un faible déjeûner. Aussitôt chacun prit sa route, je fus à ma vente, elle retourna au domicile auprès de nos enfants qui l'attendaient avec impatience.

Dans un autre voyage se trouvant indisposée, elle envoya mes deux enfants, au lieu indiqué, ces pauvres enfants la nuit les couvrant de ses ténèbres avant d'être rendus où je les attendais, furent demander l'hospitalité à un hameau sur leur chemin , à peu près à une lieue où j'étais, ils se couchèrent sans souper , après avoir fait au moins neuf lieues de pays ; ils n'avaient pour tout, en eux deux , que vingt centimes ; cette modique somme fut cependant suffisante pour payer leur gîte, ils étaient nourris par la providence , car ils me dirent n'avoir faim , la fatigue les accablait: voilà donc les tristes résultats des méchants. Après avoir été utile à ces malheureux , ils ont fait de moi , pour ainsi dire comme le pauvre qu'un bon solitaire avait rencontré dans un chemin, réduit à la dernière des misères, infirme , le bon solitaire le chargea sur ses épaules et l'emporta dans sa chaumière , lui prodiguant tous les soins qui étaient en son pouvoir ; il se privait lui-même du nécessaire pour lui Aussitôt que ce malheureux fut un peu remis, un jour s'adressant au solitaire avec des termes grossiers , si communs aux gens mal nés , il me semble que tu ne me donnes que tes restes et tu manges le meilleur en secret, je suis fatigué de vivre avec toi, je veux que tu me reportes où tu m'as trouvé ; le bon solitaire lui promit de faire mieux à l'avenir, mais peu de temps après redoublant ses menaces, il se saisit d'un gros bâton et en donna nn coup sur la tête du vieux solitaire ; alors il craint de perdre tout-à-fait patience, il s'en va consulter un autre saint solitaire, pas loin de lui, en lui faisant part de sa position au sujet

de son pauvre, qui voulait le ramener où
il l'avait trouvé. Le solitaire lui répond :
hélas ? mon cher frère, qu'allez-vous faire,
vous allez perdre en un moment le fruit de
toutes vos bonnes œuvres, le démon se sert
de l'organe de ce malheureux pour s'em-
parer de vous, retournez dans votre solitude
et dites lui que vous allez de nouveau re-
doubler vos travaux pour qu'il soit plus content ; en effet cet avis fut très-salutaire,
le pauvre devint plus doux, et ils conti-
nuèrent de rester ensemble le reste de leurs
jours à faire pénitence et vivre dans la plus
grande continence. Je ne suis pas aussi vertueux que ce bon solitaire, j'en suis bien éloigné, mais ma comparaison paraît assez juste ;
celui qui m'a fait le plus de mal, je suis l'auteur qu'après son mariage il a repris la même profession que je lui avais procurée il
y a douze ans, je ne sais quel parti il aurait pris sans cela ; trop d'orgueil pour aller
travailler pour les autres, peu de chose pour
le moment, de son côté et de celui de sa
femme, il faut donc attendre que l'éternel
en décide, et avec les deux petites succes-
sions réunies on ne pourra pas se passer
de continuer la profession d'instituteur, bat-
tre à la grange, faire la moisson chez le
fermier de son domicile. On peut l'appeler avec vérité gagne-petit, vu qu'en hiver
il a à peine quinze élèves, dans ce nombre il y a des indigents, avec une rétri-
bution mensuelle, aussi modique il n'y a
pas moyen de faire fortune, il est encore
fort heureux que la providence en ait disposé ainsi à son égard ; il est à désirer pour
lui que les habitants de ce pauvre pays ne

fassent pas comme à d'autres de ses confrè-
res, il n'aurait pas le moyen de se replacer
ailleurs, il serait urgent pour lui que le père
de son côté, restât long temps en fonctions,
son changement pourrait peut-être lui être
funestre ; je sais de bonne part qu'on crain
plus le père qu'on ne l'aime ; s'il avait cessé
ses fonctions c'est qu'il croyait faire un mariage avantageux: mais ses projets ont échoué,
comme tout le monde sait fort bien que
les instituteurs ne font pas fortune en ce
moment ; il se voyait déshonoré en restant
dans l'enseignement. La jeune personne qu'il
voulait épouser se sauva la nuit du domicile de son père pour s'éloigner de lui,
et fut en condition chez un bon propriétaire, qui ne tarda pas de connaître sa fortune et la maria avec un de ses fils : Le
méchant n'a pas tout contentement, Dieu
sait bien quelles sont ses intentions, et les
récompense selon ses mérites, toujours au-
delà de ce qu'il devrait avoir: La saison de
l'hiver arrivant, ce pauvre instituteur, après
le départ de cette demoiselle et son mariage en faisant son patelin auprès d'un in-
dividu, celui-ci le fit marier avec une petite paysanne au moins dix ans plus jeune
que lui, peu recherchée ; sans cela il n'aurait pas réussi. Pour en revenir à mes voyages, je pensais que mon épouse ne pourrait continuer de m'apporter des exemplaires, je pris donc le parti de venir les chercher, souvent j'arrivais la nuit par de très-
mauvais temps, je partais de même pour
pouvoir gagner de quoi faire exister ma famille. Un jour à peu de distance de mon
domicile, mes jambes devinrent si engourdies

que je ne pouvais plus marcher ; par l'aide de mon parapluie, je parvins à me trainer dans un petit bois voisin, pensant être obligé de passer le jour et la nuit, avec une pluie abondante qui tombait, je m'étendis sous un chêne, et le parapluie couvrait mes exemplaires, mon corps était exposé à la rigueur du temps, je tâchais de remuer mes jambes pour me mettre en route, mais il n'y avait pas moyen, pendant cet état de souffrances j'adressais de temps en temps cette prière mémorable ; vers les dix heures je ne ressentais pour ainsi dire aucune douleur ; au même instant, malgré la pluie, je me mis en route en remerciant le seigneur du bien qu'il venait de m'accorder par la protection de sa divine mère. Arrivé le soir à l'auberge, je ne sentais plus aucune douleur, alors je me disais en moi-même que la puissance de Dieu est grande, être si mal ce matin et n'y plus penser le soir, ce voyage se passa sans que je fusse nullement indisposé ; j'ai toujours voyagé malgré la mauvaise saison, souvent de la boue à mi-jambe, dans la neige, rien ne m'a arrêté. Presque pieds-nus, je ne me voyais pas aussi malheureux que l'hiver précédent, où j'étais obligé de marcher par l'aide de mes mains en bien des endroits à cause du verglas, dont un jour tombant si fort sur la glace, qui m'ébranla tout le corps, je m'en ressentis plusieurs jours. Par ma grande activité dans en moins de deux ans je suis parvenu à placer quatre mille vingt exemplaires ; MM. les ecclésiastiques, instituteurs et institutrices, les seigneurs, les pères et mères, chacun s'est empressé d'en faire acquisition, je les remerciai beaucoup de la confiance qu'ils ont mis en moi.

Un jour près la forêt d'Orléans, me rendant au château de M. de Courcy, je le rencontrai en chemin; après l'avoir salué je lui offris un exemplaire, il jette un coup d'œil sur l'intitulé, fouille à sa poche et ne trouve point d'argent, il me dit: veuillez bien avoir la complaisance de m'attendre un instant, je vais revenir; pour lui éviter la peine de rétrograder je lui offre d'aller au devant de lui, il me dit: restez vous êtes fatigué et je ne le suis pas. On rencontre difficilement des personnes de ce genre, mais il faut dire que c'est le père des malheureux, il fréquente souvent les offices, il faudrait qu'il fût bien malade s'il n'y allait pas, son ambition n'est que pour faire le bien; tous les seigneurs ne sont pas de même, j'en ai trouvé d'autres portant un nom noble, jouissant d'une grande fortune, n'avoir pas les mêmes sentiments ni être aussi bons que le respectable M. de Courcy que je n'oublierai jamais.

Maintenant je vais faire part ici à mes lecteurs en abrégé de ce que j'ai remarqué de curieux en parcourant la France; je vais commencer par Seine-et-Marne, pays que j'ai habité long-temps; Fontainebleau, est assez remarquable par son beau château bien embelli depuis 1830, l'architecture n'est pas régulière; sa belle forêt que j'ai pour ainsi dire toute parcourue, on y trouve une petite chapelle sur la route de Melun; on voit dans un bassin au château le cabinet de méditation de Napoléon et dans un appartement, là où il abdiqua, la pointe de son canif enfoncé sur la table. Attenant au château, on trouve Avon qui était l'ancienne paroisse, il y a un petit séminaire. La ville de Fontainebleau n'était jadis qu'un rendez-vous de chasse, elle est pour ainsi dire au milieu de la forêt, ses rues sont belles, fort propres, elle fait peu de commerce, son plus fort c'est celui de pavés tirés dans les rochers de sa belle forêt ; cette ville est le séjour des rentiers, et bien des étrangers y viennent faire séjour pour connaître son château et ses forêts, où tous les ans on célèbre, à la Pentecôte une fête champêtre, où on voit une foule immence de monde, ce qui fait gagner toute espèce de marchands; cette ville a deux marchés par semaine, peu considérables, deux foires par an, Sainte-Catherine et la Trinité, elles sont assez belles, c'est Ste-Catherine la plus forte; c'est à Thomery où on récolte le bon chasselas. Près Fontainebleau on trouve le pont de Valvin sur la seine ; sa forêt est composée de trente mille arpens de bois ; il y a une garnison de cavalerie où dans le 9me hussard en garnison aujourd'hui, deux de mes fils ont été admis en qualité d'enfants de troupe par mes anciens services; c'est à Fontainebleau où Pie VII fut long-temps captif, il rentra en 1814 dans ses états.

J'ai vu près Provins quelque chose que ma plume ne peut taire, qui sans doute fixera l'attention de mes lecteurs: Qautre prêtres, le père et trois de ses fils, sont placés à peu de distance de cette dernière ville: le père quoique avancé en âge est très robuste, ce sont des ecclésiastiques forts respectables, il serait à souhaiter que tous ceux qui entrent dans le saint ministère fassent de même,

J'ai admiré près Coulommiers, ses beaux rochers, ensuite les belles carrières de meules de la Ferté-sous-Jouarre, c'est dans cette dernière commune qu'elles sont situées.

Delà j'ai été à Meaux, où on voit une belle cathédrale et de beaux ponts sur la Marne; de Meaux, je suis venu aux environs de la forêt de Senard, pour la connaître; elle est fort belle. J'ai pris la rive gauche de la Seine, passant par Corbeil, où j'ai vu les greniers d'abandance de la capitale, et son chemin de fer, qui continue jusqu'à Orléans: Jusqu'à Melun, il n'y a rien de si beau, un côté orné de vigne et de belles maisons de campagnes; c'est à Sainte-Assise, où on trouve le magnifique château du prince Bovau; il appartenait autrefois à ladite famille d'Orléans; Melun n'est point curieux, depuis la construction de ses deux ponts il est un peu plus beau, sa maison centrale est assez bien, c'est à peu près le monument le plus remarquable. Près de Melun, on voit le château de Vaux, celui de la Rochelle et de Pralin; Près Provin, on trouve Bray, où le curé est fort charitable, jouissant de la considération publique, très distingué dans le clergé de Meaux, auprès, on voit le château du général Rampon.

J'ai pris ensuite la route de Montereau, cette petite ville est remarquable par la bataille de 1814, c'est là où la Yonne entre dans la Seine: Son église est assez belle, cette ville a un bon marché le samedi; on trouve à Montreau, une fabrique de faïences, appartenant à M. Lebœuf, ancien député.

J'ai pris une nouvelle route pour me rendre

à la ville de Nemours, qui est un pays assez vivant : La route de Lyon à Paris la traverse : On y voit le canal de Loing, et un ancien château qui tombe en ruines, des ducs de Nemours ; son marché du samedi est très-fort, on y vend quantité de veaux ; On trouve auprès la tour de Larchant, qui est très élevée, fort ancienne : Ce pays devait être autrefois plus brillant qu'aujourd'hui.

J'ai pris le canal pour me rendre à la verrerie de Bagneaux, située sur le bord du canal, elle fabrique quantité de verres à vitres ; elle appartient à M. Bernard, dont la dame est un modèle de vertu, charitable, possédant un grand fonds de religion, M. Floriant, père, et Mlle Floriant, sont aussi l'exemple du pays ; on voit assidûment toute cette famille assister régulièrement aux offices ; près delà, on voit un moulin à blanc, pour le commerce, construit par un propriétaire du pays, ancien fermier, sans avoir appis l'état de meûnier ; il est difficile de connaître la partie aussi bien que lui. Sur la route de Lyon, on trouve Souppe, où bien du monde vient en pélérinage aux fêtes de la Pentecôte : Sur la même route le couvent de Cercanceaux, près Nemours, qui est aujourd'hui une manufacture de papiers ; près Souppes, on trouve l'ancien couvent de la Joie, ce monument de maison de campagne, habitée par une dame respectable : A Ferrotte, on voit le château de M. de Boneil, personne remplie d'humanité. J'ai vu un reste de l'ancien château de Fay, appartenant à un nouveau riche, qui paraît être très porté pour la religion, le disant humain envers les malheureux, c'était le château de M. le comte de Roger,

il en reste plus qu'une aile fort bien entretenue; on dit le propriétaire fort riche.
En continuant le canal, j'ai été visiter l'ancienne tour de Corbeval, dont il en reste
plus qu'un morceau, le propriétaire a fait
démolir, il faut croire qu'il trouvait ne pas
gagner son pain dans cette démolition, car
j'ai remarqué que les murs étaient fort épais,
elle est située dans une petite commune,
pays qui, dans le fait, ma plume ne devrait
pas en parler; mais je suis bien aise d'en
faire ici le détail: Avant 1789 il y avait un
curé, depuis cette époque elle est réunie pour
le spirituel, M. le curé vient y porter les
secours de la religion, ce que j'ai trouvé de
bien singulier, c'est qu'on ne sonne jamais,
soir et matin, l'angelus, les plus grands jours
de fêtes on ne sonne pas, pas seulement le
Saint-jour de la Toussaint; j'ai voulu en savoir le motif, en France et aux pays étrangers, que j'ai parcourus, j'ai toujours entendu, soir et matin, la cloche du pays; je
me suis adressé au bedeau, ne pouvant trouver les meilleurs renseignements, je lui ai
demandé vous n'avez donc pas de cloche;
il m'a repondu si monsieur, pourquoi ne
sonnez-vous donc pas l'Angelus, monsieur
les habitants de ce pays sont trop avares,
ils ne veulent rien me donner? Je suis un
pauvre homme et je ne puis quitter les
champs pour ne rien gagner. Je leur ai
demandé seulement bien peu de chose, 25
centimes par ménage, ils s'y sont réfusés,
ils n'ont ni foi, ni loi, expression usitée
parmi les gens de la campagne. Je lui ai
dit et le maire, comme magistrat, devrait
faire quelques sacrifices, ou du moins en-

gager ses administrés à donner quelque chose pour ce saint-exercice, il m'a répondu en voilà un beau, il n'a pas plus de religion que les autres et peut-être moins.

Ici dans le pays, il fait son homme de lois, il dit connaître les lois, et le pauvre homme, en sa qualité de maire, quand il se présente auprès d'une autorité supérieure, il a la bouche fermée. Toute sa science c'est de faire des procès-verbaux par son garde, à ceux à qui il en veut. Le garde aussi méchant que lui. Alors je lui ai observé que peut-être 25 c. se porteraient à une somme trop élevé, et avec cela il aurait bientôt fait sa fortune, et M., nous avons à peine 60 feux : Jugez vous-même si avec cela on peut faire fortune, en effet mon ami cet somme est bien minime pour vous, vous me paraissez un honnête homme, mais selon moi peu favorisé des dons de la fortune. Je me suis informé de cela à la commune voisine, on m'a dit que les habitants travaillaient le dimanche comme les jours d'œuvre, même les grandes fêtes, à l'exception d'un bien petit nombre; Ailleurs on m'a assuré que le peuple était si mauvais qui se dénonçaient les uns les autres, jaloux de leur petit avoir: j'ai répondu, ce pays ne parait pas riche, je n'ai vu qu'une maison un peu apparente et l'ancien presbytère: On m'a dit, pour en finir, la plupart des habitants ne valent pas un coup de fusil, expression bien commune dans les campagnes : J'ai eu un court entretien avec l'instituteur; j'ai jugé, d'après lui, que le peuple devait être fort grossier, dans ce peu de temps, il fait usage du mouchoir du père

Adam, on m'a assuré que c'était le fils du maire, alors je me suis écrié, oh mon Dieu que doit être le père, on m'a répondu c'est du monde bien poli, les pauvres enfants confiés à ses soins ont belle d'apprendre la politesse, j'ai voulu connaitre le père de cet instituteur, il habite une petite chaumière sur le canal, j'ai vu un homme petit en deux manières, en taille et en science, mais fort orgueilleux dans sa petite place, paraissant à faire son homme d'importance.

A Bougligny, il y a un grand changement, les habitants ont l'usage d'assister régulièrement aux offices; on trouve dans ce pays un saint-personnage, M. Bordier, l'exemple de la paroisse, on le voit simplement vêtu retiré de la société, qui souvent est la perdition de nos âmes. Ce monsieur était sous Charles X employé aux missions étrangères, enfin c'est un modèle de vertu; sans être trop riche il jouit d'une certaine aisance.

J'ai dirigé mes pas sur la petite ville de Châteaulandon, où César mit trois jours pour en faire le siège, le gouverneur se rendit au vainqueur le 3me, César demanda 600 personnes des plus marquantes de la ville en ôtage, après avoir confié cette place à un officier de son armée il marcha sur Orléans; on voit un reste de chemin, appelé César, un reste de l'hôtel de Monnaie habité par le greffier de la justice de paix. Cette ville n'offre plus rien aujourd'hui de son ancienne splendeur, mais on voit bien qu'elle a été plus considérable, on trouve des anciens remparts, il y a plusieurs restes de couvents dont les monuments existent encore mais en ruine, en partie; cette ville possède de belles carrières de pierre, dès qu'elle est bien polie elle ressemble au marbre, au pied de la ville coule un ruisseau qui fait tourner plusieurs moulins, il se jette dans la rivière du Loing; il y a un marché assez beau le jeudi, peu de grains, beaucoup d'autres denrées, le peuple est bon, très-poli. Branles, près Châteaulandon, a deux belles foires, on y vient de bien loin; dans la commune d'Auxy près Beaune-la-Rolande, Melle De..... vient de donner cent mille francs pour fonder un hospice en faveur des malheureux, elle est douée d'une grande vertu.

Delà j'ai pris la traverse pour me rendre à Pithiviers; dans mon chemin j'ai rencontré une ancienne église, à Yèvre-le-Châtel, découverte depuis plus de six cents ans sans que les murs tombent en ruine; ce pays était autrefois un baillage de la justice, il y a près de 50 ans, il fut transféré à Neuville-aux-Bois; mais Pithiviers plus marquant le possède aujourd'hui; cette église est entourée d'un beau mur nouvellement construit, avec une belle grille en fer, c'est là le cimetière. Le département s'est opposé à la démolition de ce monument, les habitans doivent la construction de ce mur, sans doute au maire du pays, qui est plein de zèle.

Pithiviers n'a rien de marquant; sa situation est fort belle, la Beauce auprès, cette ville a de bons marchés le samedi, on y vit pas cher, le terrain est excellent, le peuple est bon. Près Pithiviers en exploite les vers-à-soie, à Ecrenne, au superbe château de M. de Lamard, on y voit des murs fort beaux; près Pithiviers, on voit aussi le château de Denainvilliers, où la dame est fort charitable, celui de Bouville et de Rocheplatte, deux frères très humains.

Louis XIII a couché et soupé au vieux fort d'Aschères, le 29 janvier 1637, habité par une baronne du même nom.

J'ai pris la route d'Etampes, ville où on trouve de beaux moulins à eau, les meilleurs marchés de la Beauce, cette ville est le passage de la route d'Orléans à Paris, le chemin de fer qu'on construit y passe, elle a de beaux jardins, de belles foires, rien autre chose de curieux ; on trouve auprès, Saint-Sulpice qui possède une magnifique église vitrée au pin.

J'ai été au château du Marais, bâti sur piloti, fort curieux, il est situé près Dourdan ; on trouve près de Chevreuse le château de Dampierre, appartenant à Monseigneur le duc de Luynes, personnage fort distingué par sa grande charité envers les malheureux, ce château est magnifique, entouré de fort belles pièces d'eau, il ressemble à un château de Roi, le seigneur est fort riche, il il est veuf, il était seul d'enfant pour héritier de Monseigneur le duc de Chevreuse, son père, et n'a aussi qu'un fils ; la belle forêt du Marché-Noir lui apartient, on n'est jamais trop riche quand on est bon.

J'ai pris ensuite la route de Versailles, j'ai admiré son beau château son beau parc, ses belles rues, cette ville est magnifique, ses belles promenades ; ses beaux magasins, enfin son séjour est fort agréable, il y fait cher vivre, le château est bien meublé ; Saint-Germain n'étant pas loin, j'ai voulu connaître son château qui n'est jamais habité, cette ville est fort bien ; à peu de distance de Saint-Germain on trouve la machine de Marly auprès de la maison où est le château de l'Impératrice Madame de Beauharnais.

J'ai pris le chemin de fer pour me rendre à Paris, malgré que je le connaissais déjà, j'ai été aux Invalides où reposent les cendres de Napoleon, la chapelle est magnifique, on voit des anciens militaires très-infirmes à la suite de leurs blessures; Paris est vaste, traversé par de beaux ponts, ses palais sont superbes; le Jardins des plantes, le Panthéon, l'Hotel-de-Ville, la Bibliotèque royale, le Palais, royal, la Place Vendôme, où on voit Napoléon; tous ces monuments sont curieux, le Père Lachaise, les magnifiques églises. Cette ville a plusieurs cultes que j'ai remarqué, dans les églises catholiques où on voit une infinité de personnes aux offices même fort distinguées, pour quant à la basse-classe elle n'a pas grande religion.

Cette ville abonde en tout genre, elle est le centre de plusieurs marchandises, ses principales rues sont tellement remplies de monde ou de voitures qu'on a de la peine à circuler librement. Malgré toutes ses beautés, si Dieu m'avait donné de la fortune ce ne serait pas là ou j'irais dépenser mes revenus, je préférerais rester en province et distribuer le restant de mes revenus aux pauvres; j'ai été visiter le fort de Vincennes; le tombeau de Saint-Denis, où on voit les portraits d'une partie de nos rois, Louis XVIII au milieu de l'eglise, sous un beau dais, en attendant qu'un autre roi vienne le remplacer, la reine Antoinette dans l'eglise, en marbre blanc, qui inspire la plus grande vénération pour cette infortunée reine qui a tant souffert sur la terre.

Delà je pris la route de Compiègne, j'ai vu un fort beau château royal et une belle forêt ; passant par Senlis, j'ai vu à Chantilly, le beau château du grand Condé, j'ai été à Beauvais, voir sa belle église, en effet c'est un chef-d'œuvre, la ville est bien, les habitants sont pieux.

Delà mes pas ont été dirigés sur Amiens; ville qui a une belle église et un beau parc on n'y boit que de la bière, elle est grande, bien peuplée, le vin est cher.

On trouve un peu plus de religion en Picardie qu'aux environs de Paris, les écoles sont bien tenues; j'ai voulu voir le château de la ville d'Eu, c'est une curiosité, on voit la mer, ce coup d'œil est admirable. Passant par Aumale, j'ai été visiter le port de Rouen, il est superbe, la ville est mal bâtie, des rues fort étroites, on n'y vit pas à bon marché ; j'ai été visiter les riches manufactures d'Elbeuf, elles sont curieuses, je n'y ai pas fait un long séjour, tout y est trop cher; j'ai poussé ma marche sur Evreux qui est une petite ville où les femmes porte des bonnets de coton blanc, sa position est fort bien, dans un vallon, on y boit du cidre, l'église est belle, le palais de préfecture, voilà en partie les monuments que j'ai remarqués, étant parti de grand matin sur Ivry-la-Bataille, ce nom lui vient d'une victoire remportée par Henri IV sur les Anglais, dans une plaine au-dessus, où on trouve un reste de pyramide où le roi se repasa après la bataille; je me suis assis dessus. Ivry est un peu considérables, il y a un marché, on trouve des tanneries, de beaux moulins à farine; j'ai continué mon voyage jusqu'à Gallardon, petite

ville de Beauce; passant par Dreux, j'ai vu la
la belle chapelle où reposent les cendres de la
famille d'Orléans, je suis passé au moment où
on devait amener le fils aîné de cette famille,
mort par accident, où on voit une vieille tour,
il y a un bon marché; Aulneau auprès où on
trouve une vieille tour, ce pays a de belles
foires aux moutons.

En continuant mon itinéraire, j'ai été rendre une visite à M. le comte de Saint-Roman,
comme portant mon nom, ce Monsieur m'a
reçu avec beaucoup d'affabilité et m'a donné
connaissance d'où provenait le beau nom
qu'il porte aujourd'hui, avant ses ancêtres
s'appelaient de Cerre ; ce Monsieur et son
épouse sont la consolation des malheureux de
Méréville, leur fortune est consacrée à faire le
bien, il est avancé en âge, jouissance d'une
faible santé, il était Paire de France sous Charles X, son château est magnifique, il appartenait autrefois à M. Delaborde. M. de Saint-Roman est chéri de tout le monde tant ses bontés
sont connues. Près Méréville on trouve aussi le château de M. de Latour-du-Pin, homme
de bien; près de là sur Autrui on trouve le
château de la Porte, habité par M. le marquis
de Martel, il descend du vailland Martel qui
eut un interrègne sous Thierry II, Il est petit
fils de feu le comte de Bizemont, pair de France, décédé depuis peu d'années.

J'ai été à Rambouillet, où on voit un beau
château royal, une vaste forêt, il est habité
par un prince prussien qui fait de grandes dépenses ; j'ai dirigé mes pas sur Chartres ville
fort ancienne, remarquable par ses deux clochers, les rues sont très étroites, l'église est
belle, la ville n'a rien autre chose qui fixe

l'attention des voyageurs, on y vit pas à bon marché, cette ville est commerçante en grains, ses marchés sont fort bons, on y voit de belles foires, les habitans sont assez humains, pour me rendre à Orléans, j'ai vu de belles plaines, passant par Janville au sel, petite ville qui était jadis l'entrepôt de sel, elle n'a rien de curieux.

Arrivé à Orléans j'ai vu Jeanne d'Arc sur la place, la rue royale est la plus belle, cette ville commerce beaucoup sur les vins et eaux-de-vie, elle est située dans une belle position, l'église est belle mais pas bien ornée, j'ai trouvé celle de Saint-Paterne mieux pour l'ornement ; plusieurs routes sont pour ainsi dire l'agrément de ce pays, malgré son grand commerce on vit à bon marché, à Orléans ; ses côtes sont magnifiques, ornées de superbes maisons de campagne, vignes où on récolte des vins excellents.

Philippe 1ᵉʳ était de la branche des Capetiens, mort en 1108. Près Orléans, sur les bords de la Loire, on trouve Saint-Benoist ; où il y avait un ancien couvent de moines, Philippe 1ᵉʳ y est enterré en 1108 ; cette église est entretenue et réparée par l'état, elle est magnifique ; l'instruction a fait de grands progrès dans les environs d'Orléans, on trouve des instituteurs forts pour l'instruction des jeunes gens.

On ne voit rien de si beau depuis Orléans jusqu'à Blois que les côtes de la Loire, des châteaux magnifiques. Pour me rendre à Blois, j'ai passé par Beaugency, où on récolte des vins excellents, il y a dans cette ville un lieu pour retirer les mendiants, ce que j'ai trouvé un peu singulier, dans le département du

Loiret et de Loir-et-Cher , que la mendicité
soit interdite, ce que je n'ai pas vu malgré
mes grands voyages, ailleurs : c'est à vouloir
défendre ce que Dieu a permis lui-même; il
me semble que c'est vouloir aller contre ses
volontés ; je ne dis pas que cette mesure ne
soit prise pour un bon motif de la part de
l'autorité, souvent ceci arrête bien des gens
de prendre cette profession pour vagabonder,
mais j'en serai toujours à ce que Dieu a fait
lui-même pour donner exemple à la suite
de tous les siècles , c'est une question à
rendre , j'en reste là. De Beaugency j'ai pris
la traverse jusqu'à Blois, passant dans une
commune appelée Bina, j'ai été rendre visite
à l'instituteur comme confrère, j'ai été reçu
avec toute la fraternité la plus convenable ;
pendant le peu de temps que j'ai resté avec
lui, je lui ai fait part du but de ma visite, si
sa commune n'avait rien qui pût-être dans
le cas d'être porté dans les notes que je pre-
nais, il m'a répondu : nous avons ici un fait
dans les archives de la mairie , qui est bien
capable d'être cité : en quinze cent, Bina
avait pour baron M. Debuffe, le curé, selon
toutes les apparences ne pouvait commencer
le saint sacrifice de la messe avant l'arrivée du
Seigneur, les jours de dimanches et fêtes; il en
résulte qu'un jour de dimanche, le moment
de monter à l'autel était arrivé, le baron n'était
point encore paru à l'église, les assistants et
le célébrant voyant l'heure bien passée, cru-
rent que le Seigneur ne viendrait pas ce jour
là; il fut convenu de commencer, au moment
où le prêtre se disposait à la consécration ,
tous les assistants prosternés pour rendre hom-
mage au grand miracle qui allait s'opérer , le

baron arrivé; ne s'occupant point d'imiter l'exemple des assistants, au même instant tire son pistolet et brûle la cervelle du cé-lébrant; après avoir commis un crime si af-freux, il eut recours en grâce auprès du Roi, elle lui fut accordée sous les conditions sui-vantes : qu'à l'avenir le curé de Bina porte-rait le titre de baron, et non lui, il prefe-ra de perdre le titre dont il etait indigne de porter, que de perdre la vie. Le premier cu-ré qui jouit de cet avantage, fut un jeune homme de cette paroisse, quit était dans son enfance gardeur de cochons, où des person-nes respectables ayant connu beaucoup de dispositions à cet enfant, le firent entrer aux écoles par charité, ensuite au séminaire, il fut si distingué, qu'il mérita le titre de ba-ron de Bina. Ce fait date de quinze cent; on voit à la Ferté-Saint-Aubin, le château du prince Massena, personne très distinguée par sa grande charité. Sortant de ce pays j'ai été voir un second confrère qu'on m'avait dit faire partie des collèges électoraux; ceci m'a surpris, car depuis que je voyage je n'ai point vu d'instituteur être si riche, vu que dans l'enseignement on ne fait point fortune, on a bien souvent, après avoir été vejeter dans cette carrière, pour toute récompense qu'une besace; je fus reçu auprès de lui on ne peut pas mieux, cet instituteur sans avoir reçu autre éducation que celle de la campa-gne est fort poli, simple dans ses manières, de voir le naturel à faire de grands progrès auprès de lui malgré sa fortune, il n'y a aucune fierté chez lui, ce qui arrive diffi-cilement, aussitôt qu'un homme de la cam-pagne possède un peu de fortune, on n'a pas besoin d'être le premier à lui dire, il vous le fait bien connaître le premier, il ordonna à son épouse de faire à soupper, je me rappelle qu'il me fit boire du vin blanc d'une qualité supérieure, il avait au moins cinq ans; cette fortune lui est acquise par succession, le fait est vrai; il est électeur du collège de Blois.

Le lendemin je pris congé de lui, et ce fut à Blois où j'ai vu un beau pont sur la Loire, un séminaire nouvellement fondé par Monseigneur de Sauzin, évêque de cette ville, ancien grand-vicaire de Valence, ce prélat est fort respectable, il consacre sa fortune au secours des malheureux, il jouit dans tout son diocèse d'une grande réputation, il serait à désirer pour les malheureux que la mort ne vint pas le moissonner de sitôt; il passe 80 ans. Les rues de cette ville sont fort étroites, l'église est superbe et son palais de préfecture, c'est dans cette ville et dans ses environs qu'on parle bien Français. J'ai passé la Loire pour aller visiter le magnifique château de Chambor, appartenant à monseigneur le duc de Bordeaux, c'est une superbe pièce entourée d'un superbe parc, ce monument demande de grandes réparations, les revenus de la terre ne peuvent suffire pour sont entretien, le prince fait passer des fonds pour suppléer à ce qui peu manquer, sept tours à neuf ont été depuis peu construites; il fut fondé par François 1er, il aurait été à désirer pour la Sologne, que ce roi eût régné plus longt-temps, vu que son dessin était de rendre ce pays florissant; M. de Cologne en est le gouverneur, d'après la construction d'un pont en face sur la Loire; le prince aura plus de facilité pour vendre ses denrées, surtout pour le bois, où bien des personnes de la Beauce viendront en faire acquisition.

Delà j'ai été à Tours, passant par Ambroise, où on trouve un superbe château des ducs d'Orléans, qui est fort beau. Jusqu'à Tours, on ne voit rien de si beau ; arrivé à Tours, j'ai remarqué de nouveau son beau pont, où en 1814 les dames les plus apparentes ayant laissé passer l'heure de la consigne, furent contraintes de passer la nuit au-delà de la barrière où était le quartier général des troupes étrangères; de cette affaires; un notaire ne voulut plus reconnaître sa femme ; je faisais alors partie de l'armée de la Loire. Tours est beau, commerçant, sa cathédrale est superbe, on récolte des vins excellents, on y vit à bon compte, j'ai vu au près des mûriers de toute beauté ; ensuite j'ai pris la route d'Angers, ville bien commerçante, j'ai trouvé son séjour fort agréable, on y trouve beaucoup de religion, après je me suis dirigé sur Nantes, où on voit un beau port, un magnifique pont ; cette ville abonde en ouvriers de tous états, les habitants sont bons, humains, beaucoup de religion, près Nantes on voit le château de l'invincible Cambronne, on voit en Bretagne le clergé fort respectable, ce qui inspire beaucoup d'attachement au peuple pour notre sainte religion.

Delà je me suis rendu à Bordeaux, où on trouve son magnifique pont sur la Garonne; cette ville est belle, grande, bien peuplée, elle fait un grand commerce sur les vins du même nom, le sejour de Bordeaux est agréable, ne voulant pas aller plus avant, j'ai pris la route de Limoges, passant par Saint-Amand, patrie du duc de Dalmatie, il y a un beau château, Limoge est beau, on y vit à très-bon marché, le peuple y est bon, on y voit une belle église, plusieurs autres édifices superbes; j'ai été de là à Guéret, ville mal bâtie, cependant depuis quelques années elle est bien embellie, dans ce pays on voit plus de maçons que d'autres états; quittant ce pays j'ai pris la route de Bourges, ville grande, on y trouve une belle église bien ornée, une seconde souterraine fort jolie, c'est dans cette ville où j'ai vu Don Carlos, le prétendant au trône d'Espagne, je me suis dit en moi-même : le Berry est donc toujours le refuge des princes de ce royaume, comme Ferdinand VII, son frère avait resté sous l'empire captif à Valencay, ce château de Valencay est fort beau, il appartient à la famille Talleyrand-Périgord; celui de M. Duverger - d'Oroine, grand orateur, situé près Sancerre. Don Carlos assiste, accompagné de sa famille, très-souvent à la messe, il est escorté par 4 gendarmes, il habite un magnifique hôtel, si sa captivité est longue le propriétaire et le locataire ne tarderont pas de faire, fortune, ce prince est cause que souvent cette ville est visitée par une infinité d'étrangers même de grands personnages; les rues de Bourges sont fort étroites, on récolte auprès des bons vins, la religion y est assez bien observée; j'ai pris ensuite la route de Sancerre, ville sur une hauteur, sur le bord de la Loire, elle est très ancienne, ses vins sont bien estimés; dans l'arrondissement de Sancerre, j'ai été visiter la maison de campagne de M. de Rancourt, auprès duquel j'ai été bien reçu, ce M. est doué d'une grande

humanité; au pied on trouve Saint-Thibault,
où on a construit un pont sur la Loire, un
second en face Cosnes, et un troisième à
Châtillon, celui-ci est le plus beau des trois;
je suis arrivé par cette route à Gien,
qui a un beau pont en pierres, ancien, cette
ville n'a rien de remarquable, on y voit un
ancien château qui sert de sous-préfecture,
de tribunal, et enfin il renferme dans son
sein toutes les autorités de la ville, on y récolte quantité de vins. Depuis Gien pour se
rendre à Montargis, on voit quantité de terrain très-peu fertile; depuis Gien jusqu'à
Montargis, on ne trouve de pays un peu ap-
parents, que Nogent. Montargis n'a rien de
curieux, son ancien château, presque entièrement démoli, son église est bien ornée,
elle doit cela à son archiprêtre, qui est d'un
zèle marquant dans le Sacerdoce, il est fort
aimé des habitants, je n'ai jamais vu homme mieux proportionné de taille et de grosseur, c'est un prêtre fort remarquable dans
les habits ecclésiastiques, une belle pres-
tance à l'autel. Montargis possède de beaux
jardins, un pâtis qui est fort joli, on y voit
un théâtre sans acteurs; le canal et la route
de Lyon à Paris donnent beaucup à gagner
dans cette ville. Ayant entendu parler à cause de ses deux clochers, il y en a un de tombé
depuis peu, le second menace ruine, mais
l'autorité doit le faire reparer au plus tôt; ce
pays n'offre rien autre chose d'intéressant;
j'ai pris la route de Saint-Fargeau, la traverse passant par Châtillon-sur-Loing. Etant
à Montargis, j'ai appris une chose bien sur-
prenante, il ixiste dans ses environs une
dame portant le titre de baronne, elle a

avec elle un chien appelé Ronflot, duquel elle est idolâtre, elle donne 1 fr. 50 c. par jour à un homme pour le promener; M. Sultan, prend place dans la voiture de madame dès qu'elle sort, il a même plusieurs cravattes en soie, le bruit court qu'il est à table avec elle même, que des pains de fantaisie sont commandés à son boulanger pour lui, il couche dans un beau lit préparé pour lui dans la chambre de la baronne, les personnes qui ont affaire à elle, si elles veulent bien faire plaisir à madame, on n'a qu'à demander comment se porte M. Ronflot; un jour un jour des ouvriers de la route crièrent vive M. Ronflot, elle fit arrêter sa voiture et leur donna 10 fr. pour boire, il paraît que le prédécesseur à Ronflot est enterré dans son parc, et qu'une tombe est érigée en son honneur, quelle folie pour une personne de qualité! si ce fait existe! il serait bien plus à propos de soulager les malheureux, ce qu'elle ne fait pas d'après le dire de bien des personnes, elle avait eu la faiblesse de faire appeler un médecin pour traiter son chien, qui s'est refusé à sa demande, vouloir le faire enterrer par le curé de sa paroisse, cet ecclésiastique l'a renvoyé de chez lui, on la dit fort riche.

Châtillon-sur-Loing est une ville où on ne voit rien de remarquable qu'un ancien château peu apparent; Saint-Fargeau a un beau château très-ancien, fort en réputation par les personnes qui l'ont habité, dont la dernière dame défunte et si regrettée, elle était la mère des pauvres, la consolatrice des affligés, son unique ambition pendant sa vie a été de faire le bien, très pieuse, aussi sa demoiselle, madame de Boizeliu,

imite son exemple, c'est elle qui est la propriétaire du château. M. Boizelin, son mari
est très vertueux, il seconde son épouse par
sa grande charité, c'est le neveu de feu
M. le comte d'Alcourt, propriétaire du château du Boulay, près Souppe, c'était un personnage rempli d'humanité, il a emporté en
mourant les regrets des personnes qui l'ont
connu, c'est un neveu appelé d'Alcourt qui
lui a succédé, dont on dit beaucoup de bien,
je n'ai pas l'honneur de le connaître, avec défunt M. son oncle, j'ai eu plusieurs entre-
tiens avec lui dans son château de Boulay.

Près Montargis on voit le château de M. de
Cormenin, membre de la chambre des dé-
putés, fort distingué, homme de bien.

Monsieur et madame de Boizelin, habil-
lent tous les ans les pauvres de Saint-Fargeau:
cette maison, quoique riche, il serait à désirer pour les malheureux qu'elle le fût mille
fois d'avantage, la fortune se trouvant si en
bonnes mains; il y a un beau parc. J'ai pris
la route de Bonny, passant par Lavaux, où on
voit un beau château au-dessus de la route,
appartenant à M. le comte de Lestrade, personnage rempli d'une grande humanité, j'en
suis convaincu moi-même, j'ai eu l'avantage d'avoir un entretien avec lui; ce château
est magnifique, sur la route on trouve celui de
monseigneur De Vatismenil ancien ministre,
peu brillant; arrivé à Bonny j'ai pris la route
de Lyon, pour me rendre à Nevers. Sur la
route on trouve Cosne, peu considérable, situé dans une belle position; la Charité, petite ville sur le bord de la Loire, où les bou-
langers se distinguent par leur bon pain, bien
travaillé; j'ai passé le pont de la Charité pour

aller à Fourchembeau visiter les belles forges,
j'ai repassé la Loire pour venir à Pouilly, pays
d'excellent vin blanc, c'est monsieur Lafond
qui récolte le plus. Fourchambeau est remarquable par ses belles constructions, il n'y
avait autrefois qu'un moulin, aujourd'hui
c'est un pays aussi fort que Pouilly, il y a
une belle église, une superbe maison d'école,
un presbytère, des plus beaux qu'il existe
en France.

Delà j'ai été à Nevers, ville ancienne, des
rues fort étroites, c'était là l'entrepôt des armes de César, sa croix de mission est curieuse,
qui depuis 1830 est changée de place, j'ai pris
la route de Moulins; j'ai été visiter le magnifique pont sur l'Allier, en pierre, dont la duchesse de Berry posa la première pierre. Moulins est assez beau; il y a un colège royal,
une belle caserne et un beau pont sur l'Allier,
cette ville est peu commercante, mais fort
jolie, le sexe y est beau ; beaucoup de luxe.

Delà j'ai été à Montluçon, passant par Bourbonne-les-Bains où bien du monde de toutes
les classes se rend pour prendre les eaux, il
fait cher vivre, on ne voit rien de remarquable que ses belles eaux minérables J'ai passé
dans un pays appelé Malicorde; comme il y
a peu d'instituteur dans ce pays, j'ai été rendre une visite à M. le Curé, pour lui demander pourquoi sa paroisse s'appelait Malicorde,
il m'a répondu que César passant dans ce pays,
la bride de son cheval venant à casser, il s'écria, Malicorde, c'est depuis que ce pays est
appelé ainsi, La bride de mon cheval ne pouvait casser, mais tout le devant d'une de mes
bottes fut enlevé par un morceau de bois.

J'ai continué dans la neige ma marche jusqu'à la nuit, ce pays m'est assez mémorable ; Mont-Luçon est une petite ville assez bien située, entourée de vignes. Les jeunes gens dansent au son de la musette. On ne trouve rien dans cette ville qui fixe l'attention du voyageur.

J'ai pris ensuite la route de Gannat, passant par Saint-Poursaint, pays du bon vin blanc, j'ai été visiter le château de Randant, appartenant à la princesse Adelaïde, duchesse d'Orléans. Le monument est superbe, son beau parc, tout est dans le cas de fixer l'attention du voyageur. Gannat est une ancienne ville pas belle; delà j'ai été à Riom, ville fort jolie, bien bâtie. Je suis certain que la plus grande partie des maisons sont bâties de têtes de fous, parceque c'est là où l'on trouve de célèbres avocats, les rues sont belles, son palais de justice est curieux, son horloge; il y fait cher vivre, j'ai bien vu qu'on était habitué à gagner beaucoup, l'argent n'est pas épargné. De Riom j'ai été à Clermont, ville assez grande, mais de vilaines rues, on ne vit pas cher dans cette ville, l'intérieur de la ville est sombre, les maisons sont bâties en pierres noires, on y recolte de bon vin, auprès on trouve la limagne, terrain très fertile, de Clermont je suis venu à Montbrison, pour me rendre à Saint Etienne, passant par le chemin de fer de Roanne. Montbrison est très bien, a une caserne d'infanterie, les habitants sont fort adroits, Roanne est une petite ville bien commerçante, le chemin de fer la rend bien florissante; Saint-Etienne est beau, son chemin de fer à Lyon, lui donne une quantité d'étrangers, ses belles fabriques d'armes, cette ville est bien peuplée, on n'y vit pas à bon marché, vu la grande population et sa quantité d'ouvriers; ensuite je me suis dirigé sur le Puy, ville assez commerçante par ses brillantes foires, on y récolte auprès du vin peu estimé, ce pays est entouré de montagnes. Delà je suis venu visiter le tombeau du bienheureux Saint-François Régis, apôtre du Velay, où plusieurs Pélerins se rendent pour implorer la protection de ce grand saint qui sacrifia sa vie dans ces pénibles missions, voyageaut la nuit dans des pays impraticables, souvent il arrivait si tard que le curé de la paroisse où devait commencer sa nouvelle mission était couché, pour ne pas le déranger il passait la nuit à la porte de l'église, un jour tombant dans une broussaille se cassa la jambe, il se traîna comme il put et arriva au lieu où la providence l'appelait et fut bientôt remis de sa blessure, ceci n'empêcha pas de continuer ses fonctions, enfin à la suite de mille travaux apostoliques, après avoir mené la vie la plus austère il se rendit à la Louest, où il termina sa carrière, il plut au Seigneur de l'appeler à lui, afin d'aller jouir de la récompense du bien qu'il avait rendu à l'église et aux malheureux, sur son tombeau il s'y opère tous les jours des miracles, on y vient de bien loin en pélerinage ; ayant pris la rive gauche du Rhône pour me rendre à Tournon, où on voit un magnifique pont, sur le même fleuve, un collège royal qui était autrefois célèbre, c'est là où mon frère avait fait ses études, cette ville est fort ancienne, j'étais bien fatigué d'avoir parcouru les montagnes du Velay et du Vivarais.

J'ai continué ma route sur Privas, passant par Saint-Perray, célèbre par ses bons vins blancs, je suis arrivé à Privas par Chaumerac, pays de belles fabriques en soie; Privas est une petite ville où on ne trouve rien de curieux, que le palais de justice, son esplanade et la maison de détention, on trouve un couvent fondé par M. l'abbé Chiron, ci-devant curé de Saint-Martin, on trouve à S.t-Martin-l'Inférieur, l'ancien château de M. Pampelonne, situé sur une hauteur, il est toujours habité par des seigneurs du même nom, cet ecclésiastique est un saint prêtre, le père des pauvres, il porte le cilice, se prive même de nourriture, lorsqu'on le voit célébrer le saint sacrifice de la messe on dirait que c'est un ange, en chaire on croirait que c'est Dieu qui parle, je le connais particulièrement ainsi que sa famille, son père m'a assuré que dans son enfance quand on lui commandait quelque ouvrage à faire il n'avait jamais dit je ne veux pas le faire, il était le modèle de tous les jeunes gens de son âge; le couvent dont j'ai parlé ci-derrière, fut premièrement fondé à Saint-Martin-l'Inférieur, sous le nom de Sainte-Marie, le local n'étant pas assez vaste fut transféré à Privas, j'ai été voir les belle fabriques de soie d'Aubenas, ville bien commerçante, j'ai passé par Villeneuve-de-Bert, pour venir à Saint-Martin, ensuite Rochemaure, où on voit un vieux château tombant en ruines.

Delà j'ai été à Viviers, bâti sur un rocher, on y voit une belle église, un grand et petit séminaire de toute beauté, le grand est superbe, ensuite on rencontre sur la route, l'évêché qui est un monument fort joli, cette petite ville est située sur le bord du Rhône. C'est à Viviers que reposent les cendres d'une de mes filles que j'affectionnais beaucoup, ce lieu sera gravé à jamais dans ma mémoire.

J'ai continué ma route jusqu'au Pont-Saint-Esprit, passant par le bourg Saint-Andeol; c'est là que je me suis embarqué pour le Pont-Saint-Esprit, ce bourg n'offre rien d'intéressant. Avant d'arriver sous le Pont-Saint-Esprit, on voit les mariniers prendre beaucoup de mesures pour ne pas faire naufrage, ce qui arrive souvent, ce passage est fort étroit et le courant de l'eau très-rapide, enfin la Providence prit soin de nous, en passant les mariniers vous recommandent de faire le signe de la croix; à mon débarquement j'ai été visiter le pont, il est très-long, tout en pierres, on y voit toujours des ouvriers, cette ville est située dans une belle position, on y trouve une caserne d'infanterie, il y avait autrefois sur le Pont-Saint-Esprit, une chapelle appelée Saint-Nicolas, elle n'existe plus, les mariniers implorent toujours le secours du saint.

Delà j'ai été à Nîmes, passant par Bagnol, pays des superbes plaines, de même Nîmes est grand, commerçant en toutes sortes de marchandises, on y voit un beau pont, sur le Gard; on trouve des antiquités romaines, on y voit de belles promenades; j'ai dirigé mes pas sur Arles, ville fort ancienne et riche, un terrain très-fertile, Montpellier célèbre par sa faculté de méde-

cine, on y trouve des élèves de toutes les
nations; Aix, ville assez belle, dans une
belle position, Marseille se divise en ville
haute et ville basse; cette ville possède un
des plus beauxports sur la Méditerranée de
l'Europe, elle est le centre d'une multitude
de personnes de toutes les nations; de
Marseille je suis venu à la superbe foire de
Beaucaire, qui ouvre le 22 juillet à minuit
au son de la musique et des tambours, on
trouve des marchands de différents nations,
on voit des piles d'or et d'argent sur les tables, toutes sortes de marchandises y arrivent, le peuple ne peut pas tout loger dans
la ville, on couche sous des tentes, les
logements sont très-chers pendant la foire;
cette ville est bien commerçante, j'ai été
ensuite à Avignon, où le maréchal Brune
fut victime de la brutalité des révolution-
naires de cette ville en 1815. Cette ville est
belle, riche, on y voit l'ancien palais de
notre Saint-Père, on récolte dans cette ville
et les environs tout ce que l'homme peut désirer dans ce monde, le pont est superbe, sa mé-
tropole est magnifique, le plus beau magasin
d'Avignon, en draperie, Rouennerie, c'est
celui du ramoneur Savoyard, qui fit fortune
dans cette ville. J'ai dirigé ma marche sur la
ville de Toulon, où on voit un port de toute
beauté, c'est un pays superbe, son bel arse-
nal, il n'y a rien de si-curieux. Venu à Anti-
bes, j'ai été delà à une petite ville assez jolie,
Carpentras, où j'ai remarqué le portail de son
église, je n'ai pas voulu quitter ces contrées
sans visiter la superbe fontaine de Vaucluse,
si curieuse à voir; il me semblait toujours

après l'avoir quittée entendre couler sa belle eau entre cette chaîne de montagnes.

J'ai dirigé mes pas sur Orange, où on voit à peu de distance de la ville un arc de triomphe qui fut érigé à la mémoire de Marius, sur la victoire qu'il remporta sur les Cimbres: cette ville est fort ancienne, on y voit plusieurs restes Romains, son souvenir est bien cher pour moi, c'est là où mes ancêtres furent victimes de la révolution. J'ai été visiter le Mont-Ventoux où on trouve sur cette montagne une magnifique chapelle, on y va en pèlerinage tous les ans, on y voit une belle fontaine, on vend l'eau un sou le verre, tant il y a du monde ; j'ai été ensuite à Manosque, Forcalquier, pays de la bonne huile d'olive, Digne située entre des montagnes, Sistéron, ancien évêché, Barcelonette, frontière du Piémont, dont plusieurs jeunes personnes viennent faire danser des marmottes à Paris; Gap, ville assez jolie, Embrun, connu par sa maison de détention, Briançon, remarquable par ses forteresses, où les personnes qui sont à leur aise cuisent du pain pour un an ; j'ai été au Mont-Genèvre, où on trouve un couvent ; delà j'ai été à Fenestrelles, célèbre par ses fortifications, Pignerolles auprès. Revenu à Briançon, j'ai pris la route de Bourdoisan pour me rendre à Grenoble, route où on passe sous des rochers qu'on a percés; il vous tombe de temps en temps des gouttes d'eau sur la tête; j'ai pris la traverse pour aller au fort Barot, qui est assez curieux, à celui du Mont-Dauphin, tous les deux capables de se défendre; Grenoble aussi depuis 1830, il est bien fortifié; Grenoble a une belle place appelée Grenette, son palais de justice, son pont sur l'Isère, pour se rendre au faubourg Saint-Laurent, Grenoble est reconnu par son célèbre parlement; on trouve près Grenoble la Grande Chartreuse, monument assez curieux à voir pour celui qui aime l'antiquité; revenu par Die, ville où on récolte du vin appelé Clarette, cette ville était autrefois un siege épiscopale, elle est connu par ses belles fabriques de laine de soie, et sa tour qui sert de prison; j'ai passé par Félines, pays de gibier à bon marché, le pont de Barret, connu par sa fontaine minèrale dans un rocher; ce pays se divise en deux parties à cause de son pont sur Roubion, quand le mois d'août arrive bien des personnes vont prendre les eaux; le soir de tout côté on entend la musique; ce pays gagne beaucoup pendant le séjour des buveurs d'eau; Dieu-le-Fils, petite ville bien commercante, située entre plusieurs montagnes on voit un temple de protestants, elle renferme plusieurs millionnaires.

J'ai pris la route pour me rendre à Nyons, petite ville située entre une chaine de montagnes, où on récolte de la bonne huile d'olive, c'est danscette ville où j'ai été en pratique chez M. Bonnet, avocat; près Vauréas on trouve Vaison, ancien évêché, ville sans commerce, peu considérable; on trouve Lebuis, ville où était autrefois le siège de la justice, c'est aujourd'hui Nyon, j'ai voulu connaître le pays qui donna naissance au cardinal Maury, j'ai profité du jour de la foire de Saint-Jean, qui ouvre la veille à minuit par une belle procession, où on porte en triomphe le plus bel enfant de la ville, qui en parcourant les rues donne sans cesse sa bénédiction; toutes les autorités y assistent, une colombe part au même instant que la procession sort de l'église pour aller mettre le feu à un magnifique javellier disposé sur une hauteur, ensuite repart de nouveau pour aller allumer le feu d'artifice qui est magnifique ; on voit une infinité de monde bivouaquer comme à Beaucaire, ne pouvant loger en ville, le lendemain la foire est superbe ; j'ai pris la route de Grillon, patrie de monseigneur Vallayer, ancien évêque de Verdun, mon parent, par son grand âge il est retiré à Saint-Denis, c'était un grand orateur de son temps, ce pays est fort beau, on y célèbre une belle foire le lendemain de la Toussaint, il y a une belle place entourée d'arbres, c'est la plus belle commune rurale des environs ; j'ai voulu voir la petite ville de Grignan, où on voit un ancien château de M. Demuit, qui fut habité par Mme. de Sévigné ; on peut se promener en voiture sur la route de l'église, où on y trouve un lieu où le seigneur assistait à la messe avec sa dame ; cette église est superbe, fort antique, cette petite ville n'offre rien autre chose d'intéressant. j'ai passé à Chamaret, où on trouve une vieille tour fort élévée, sans que les murs soient endommagés; j'ai été à Montsegur le jour de Saint-Jean Porte-Latine, où une superbe chapelle est érigée à la mémoire de ce saint; plus de 3000 âmes viennent en pélérinage, une procession vient de la paroisse, on y célèbre la grand'messe, ensuite à vêpres un sermont.

Près Grillon on voit Visan, où on trouve une très belle chapelle, Notre-Dame-des-Vignes, tous les ans on y va en pélérinage, elle est superbe, bien ornée.

Delà j'ai été à Saint-Restitut, où on trouve une superbe église, très-ancienne, le dedans est bâti en tuf, bien ornée, près Saint-Restitut, on trouve Bolaines, où on voit une belle chapelle, au bout du pont sur le Lest, on y voit un serpent, dans cette chapelle, qui gardait la sainte en faveur de laquelle on a érigé cette magnifique chapelle, il est très-gros. Autrefois l'évêque de Saint-Paul-Trois-Châteaux était le seigneur du pays, sur le chemin de Saint-Paul, on voit la chapelle de Saint-Sépulcre, qui est de toute beauté, située sur une hauteur à peu de distance ; on arrive à Saint-Paul-Trois-Châteaux, ville bien bâtie, elle possède quatre portes d'entrée, on y voit de belles places, de superbes fontaines, et une magnifique cathédrale ; c'était autrefois un siége épiscopal, Monseigneur de Lambert, a été le dernier évêque, on voit son tombeau dans le chœur de l'église, cette ville est appelée dans l'écriture Augusta Tricastinorum, elle a de belles promenades, on voit un reste de l'ancien évêché qui est habité par quelques manœuvres, tout tombe en ruine ; Delà j'ai été à la Palud, pays où S. A. R. Monseigneur le duc d'Angoulème fut fait prisonnier en 1815, Napoléon ordonna de suite qu'on ne touchât pas à sa personne et qu'il fût conduit sous escorte sur les frontières d'Espagne ; j'ai pris la route de Lyon pour me rendre à Pierrelatte, où on trouve un pont sur le Rhône, en face le bourg Saint-Andéol, au milieu de la ville on trouve un rocher d'une hauteur immense, de dessus on dépeint une infinité de beaux pays ; ce pays possède de belles auberges, les plus belles de Marseille, à Lyon, et à Paris, elles appartiennent aux MM. Pradelle, mes parents ; ensuite j'ai été à Clansayes visiter Saint-Jean-de-Théronne, où on trouve une fort belle chapelle, on y vient aussi en procession de Clansayes, quantité de pèlerins viennent à cette procession, Clansayes a été il y a 50 ans le théâtre de grands tremblements de terre, où une partie des maisons ont été entièrement démolies, il y a une ancienne tour, où on trouve un restant d'église, des templiers il était très-fortifié, j'ai jugé par là qu'il était bien plus considérable autrefois, ce pays n'a conservé aucuns titres de son antiquité. Près Clansayes, dans une vaste plaine, composée de mauvais terrains, on y voit un rocher seul, fort élevé, j'ai demandé à des bergers qui fesaient paître leurs moutons autour, d'où cela provenait, un rocher seul ; ils m'ont répondu : c'est le pendant de Gar-gantua, montez avec nous et vous y verrez le trou de son oreille, il est vrai, j'ai pris le chemin d'Aigubelle, couvent de la trappe, passant par Roussas, bâtie sur un rocher où on voit un vieux château entretenu, habité par un seigneur du même nom ; arrivé au couvent, j'ai été reçu par ces bons trappistes avec toute la fraternité la plus honnête, ils m'ont offert à manger et m'ont prié de passer plusieurs jours au couvent pour voir son beau jardin ; j'ai été édifié de la manière que les bons frères s'occupent après leurs exercices de piété, chacun se rend en silence à son ouvrage, il n'y a que celui qui vous reçoit qui a le droit de vous parler, j'ai assisté à leurs offices dans une chapelle fort jolie, bien ornée, lorsque j'ai été au réfectoire, quelle a été ma surprise, quand j'ai vu une tête de mort avec toutes ses dents dans le mur ! j'ai vu tous ces

personnages prendre leurs repas bien simplement, si leur soupe a du sel on n'y met rien
autre chose: voilà la vie austère de ce couvent,
je me suis dit en moi-même que deviendrons
nous s'il faut tant de choses pour gagner le
ciel, il est impossible à nous de pouvoir y
arriver, quelle pénitence pour ceux qui com-
posent cette maison! on ne peut se faire une
idée des mortifications que ces bons solitaire
font dans cette établissement, on peut bien
les comparer aux rudes pénitences du grand
Saint-Jérôme, un des plus célèbres docteurs
de l'église, qui avait quitté la ville de Rome
pour aller se réfugier dans un désert des plus
retirés, afin d'éviter par là tant de dangers
qu'il y a dans le monde, néanmoins le Démon
qui ne le perdait pas de vue, cherchait à faire
quelques nouvelles tentations sur lui, souvent il lui semblait être au milieu des plaisirs
qu'on trouve dans le monde, sans cesse l'ai-
guillon de la chair le tourmentait si fort qu'il
se roulait tout nu sur des épines afin d'étein-
dre par là les passions impures qui font très-
souvent de grands ravages sur nous, voilà la
vie austère que font les personnages qui dési-
rent gagner le ciel, cependant on peut se
sanctifier quelquefois dans le monde en y
faisant le bien, se rendant utile à la société,
prodiguant aux malheureux les secours qui
sont en notre pouvoir, voilà le moyen de
réussir à mériter le bonheur qui nous est
réservé en jetant un coup d'œuil sur la vie
de ces Saints Anachorètes, nous sommes sûrs
à ne jamais nous écarter du vrai chemin de
la vertu.

Quittant Aigueibelle, je suis venu un jour
de procession à Notre-Dame de Mont-Champ,

située sur une montagne où tous les ans on vient de la paroisse de Rac, qui est le chef-lieu, plusieurs ecclésiastique s'y rendent pour y célébrer le Saint-Sacrifice de la messe, une infinité de Pelerins y viennent implorer le secours de la Sainte-Vierge. La ville de Montelimart, peu éloignée, j'ai été avant de m'y rendre à la ferme de Percontal, où à cette époque une fête champêtre était célébrée tous les ans à la suite de plusieurs char-retiers qui s'y rendaient pour venir tirer une ou deux raies de terre, savoir celui qui labourait le mieux. l'année que j'y étais, ce fut une jeune demoiselle qui remporta le premier prix, le tout en présence des autorités de la ville de Montelimart, même qu'on m'a assuré qu'elle l'avait remporté plusieurs années ; là se rendait presque toute la ville de Montelimart, et plusieurs campagnes des environs, on y voyait des cafés, des restaurants, comme on voit à Paris tonte sortes de marchands, une infinité de bals, ce ne serait pas là où on pourrait faire son salut, car on trouverait plutôt le moyen de s'en éloigner, et ensuite je suis venu coucher à Montelimart ; le lendemain j'ai été visiter sa magnifique église, où on voit une belle voûte en brique, cons-truite par des Italiens, ce fut M. Regis Carillon, prêtre, qui donna le montant de ce qu'elle a coûté, son frère et lui étaient deux personnages doués d'une rare vertu, ils donnaient tout aux pauvres, souvent on a vu ces deux ecclésiastiques venir chez eux pieds-nus, ayant donné leurs souliers à des passants, je puis parler avec vérité, j'ai connu ces deux MM. ce fut l'aîné qui porta les derniers secours de la religion à ma première épouse; la ville de Montélimart et ses environs regardaient ces MM. comme de saints personnages, ils étaient deux anciens Chartreux, et fils d'un des plus riches négociants de la ville de Montélimart, toute leur fortune a été donnée aux pauvres, ou pour les églises.

Au moment où je me trouvais à Montélimart, il est arrivé un accident qui mérite d'être cité : trois demoiselles, sœurs, dont une était mariée et enceinte allèrent prendre un bain à Roubion, et s'étant assises sur un sable mouvant, furent précipitées toutes les trois dans un gouffre. Elles étaient filles de M. Grasson, ancien maire de Montélimart.

On voit à Montélimart un beau pont sur le Roubion, en pierres, bâti sous Napoléon, un second en bois sur la même rivière, qui n'offre rien de curieux, un troisième en face Rochemaure, sur le rhône, en fer qui est terminé depuis le premier janvier dernier, ce qui rendra les communications de Vivarais plus fréquentés pour les commerces du Dauphiné et cette dernière province.

Montélimart possède une caserne d'infanterie, une ancienne citadelle sert de prison, elle est entourée de remparts avec cinq portes d'entrée, la plus belle c'est celle de Saint-Martin, bâtie sous Louis XIV, où on voit sur la porte en grosses lettres : *Ludovicus Magnus.*

Montélimart possède de superbes promenades, on voit à Mont-Boucher le vieux château de M. de Tulles, habité par le marquis de Piémont Brun, il a fait restaurer en 1827 celui de Milan, près Montélimart.

Cette ville est située dans une superbe plaine, quoique le haut de la ville est montagne, ornée autour de belles maisons de campagne et vignes, de belles rues, peu commerçante; on trouve de superbes hôtels, le Palais-Royal, celui des princes et autres; c'est au Palais-Royal que Napoléon coucha en allant à l'Ile d'Elbe, ou laissa à son départ un souvenir à chaque domestique de la maison; le clocher est fort élevé, en 1815 le drapeau blanc flottait sur la tour, un pointeur de Napoléon l'emporta d'un seul coup de canon; près de la ville, sur la route de Lyon, on trouve une belle chapelle sous le nom de Sainte-Rose, le cimetière est auprès, c'est là que reposent les restes mortels de ma première épouse, le souvenir de ce monument m'est très cher. En continuant la route pour me rendre à Valence, j'ai visité le superbe pont de Livron, sur la Drôme, où le dixième se battit avec tant de courage en 1815, pour la cause de la branche aînée des Bourbons.

Ensuite je suis arrivé à Valence, ville ancienne, où ont voit un beau parc d'artillerie, un des plus beaux de France, excepté Amiens.

Valence est divisée en deux parties: le Bourg-les-Valence est commun et a trois paroisses, Sainte-Appolinaire, la cathédrale Saint-Jean, et le Bourg-les-Valence. On y voit un beau champ de mars, une forte jolie place et plusieurs autres, un beau grand séminaire fondé par M. De la Tourrette, son évêque, de belles casernes de cavalerie et infanterie, un superbe pont en fer sur le Rhône pour se rendre au Vivarais, des plus beaux que j'ai vus en fer, depuis Marseille

jusqu'à Lyon; la cathédrale est superbe,
on y voit le Mausolée de Pie VI, l'évêché
est superbe, son coup d'œil sur la rive droite
du Rhône est curieux, sa croix de mission
est magnifique sur la route de Romans.

Près de Valence, on voit un ancien fort
appelé Beauregard, sur la rive gauche du
Rhône qui sert de prison pour l'Ardèche.

Cette ville est commerçante, le centre de
plusieurs routes, sa navigation et sa garnison donnent beaucoup de commerce, située
près de superbes plaines : je fus en 1815 témoin du convoi de Monseigneur Becherel,
son ancien évêque.

J'ai pris la route de Romans, pour connaître cette ville, qui est fort jolie ; elle est
divisée par l'Isère, en deux parties, le Péage
et la ville qui forment deux mairies ; c'est la
patrie de M. l'abbé Fière; cette ville est grande, bien peuplée, commerçante, une fort
belle église ; on trouve pas bien loin Saint-
Marcellin, ville fort jolie, bien située ; Tu-
lain, Moran, et Voiron, pays fort riche pour
les chanvres, la côte Saint-André célèbre
par ses bonnes liqueurs. Après avoir visité
toutes ces villes, j'ai pris la route de traverse passant par le Grand - Serre - Saint-
Donnat, pour me rendre au pont de l'Isère,
bâti en pierres, ce pont était en bois en 1814,
et fut brûlé par l'ennemi, mais il est aujourd'hui bien plus beau, ce fut la trahison
du général Augereau qui fut cause de la ruine
de ce pont, il avait son quartier général à
Valence ; aussi Napoléon passant à Valence,
se rendant à son île, lui fit un beau compli-
ment. Arrivé à Tain, j'ai remarqué son pont
sur le Rhône pour se rendre à Tournon,

grande communication pour ces deux villes, c'est à Tain où on trouve la côte des célèbres vins de l'hermitage, si connus depuis le Pont-Saint-Esprit, on voit une infinité de ponts en fer sur le Rhône, jusqu'à Lyon; avant d'arriver à Vienne, on trouve près le Rhône un reste d'antiquité, ouvrage des Romains, depuis Valence jusqu'à Lyon, la rive gauche et droite du Rhône sont magnifiques, Vienne est fort beau, son église bâtie du temps des Allobroges, est superbe, cette ville était jadis le siége d'un archevêque Primat-des-Gaules, Vienne est très commerçant en Draperie, a de belles fabriques, on trouve dans cette ville beaucoup de religion, possède une caserne de cavalerie, son séjour est superbe, on y boit du bon vin de Nepuit, qui est bien bon.

J'ai continué ma route sur Lyon, ville grande, une des plus commerçantes de l'Europe, on voit de beaux ponts sur le Rhône et la Saône, de belles places, celles de Terreaux, Belle-Cour, la place Célestin est magnifique, de belles églises, celle de Saint-Jean, elle est la mieux des fortifications depuis 1830, de superbes brasseries de bière, il y fait très cher vivre, on peut attribuer cela à son grand commerce, on trouve les matériaux que Napoléon avait fait amener pour la construction d'un palais, mais je pense qu'ils auront été employés aux fortifications; comme Tarare n'est pas loin de Lyon, j'ai été voir ses belles manufactures, c'est une petite ville bien riche en commerce.

Je suis venu par la traverse à Villefranche, ville fort jolie, il y a une belle rue principale, on y voit de bons marchés, où on trouve sur les tables des piles de pièces d'argent, on dirait qu'on est à Beaucaire, son séjour est beau, elle est entourée sur la gauche de montagnes, et sur la droite de la Saône, j'ai passé cette rivière pour aller à Bellay, ille épiscopale où réside Monseigneur Devic, son évêque, qui est d'une vertu éminente, je l'ai conuu comme grand vicaire à Valence, il est né à Montélimart, il était grand prédicateur de son temps, il est l'exemple des évêques de France, le père des pauvres, Bellay n'offre rien d'intéressant.

Ensuite je suis venu à Bourg, à peu de distance on trouve la superbe église de Broue, on voit la princesse de Savoie, en marbre blanc, elle entendait la Sainte-Messe près de son feu, la cause de sa mort fut un morceau de verre qui entra dans son pied en descendant de son lit, cette église fixe l'attention des personnes qui la visitent, son architecture est curieuse, j'ai traversé la ville de Bourg, qui est fort bien entourée de montagnes, pour me rendre à Lons-le-Saulnier, ville où on voit un superbe palais de Préfecture, situé au milieu des montagnes, pour ainsi dire de toutes parts.

J'ai été à Saint-Claude, où on récolte des vins blancs excellents, j'ai pris la route de Dôle pour connaître cette ville qui est très-ancienne on y trouve des antiquités qui datent des siècles bien reculés, Dôle possède une garnison de cavalerie, un beau canal, une belle église, l'hôtel de ville est curieux.

J'ai été jusqu'à Gray, pays fort pour le commerce, par son beau canal. En passant dans la campagne, j'ai trouvé que le peuple avait beaucoup de religion, fort poli, ce qui m'a fait croire que l'instruction avait fait des progrés, j'ai pris de nouveau la route de traverse pour me rendre à Mâcon, ville fort jolie, très connue par ses bons vins; cette ville est bien bâtie, située dans une belle position, traversée par la route de Lyon à Paris et celle de Dijon; c'est là où l'on embarque une partie des vins de Bourgogne, surtout ceux de Mâcon. Près Mâcon on trouve la petite ville de Charol, c'est là où j'ai mangé le meilleur bœuf dans tous mes voyages en France ; je suis venu à Cluny, ville ancienne où on trouve un ancien couvent qui a des galeries comme le Palais—Royal à Paris, on y voit une pension de jeunes gens. Ce monument n'offre plus rien qu'une maison tombant en ruines. Près Mâcon on exploite le mûrier, qui fait très bien. En continuant la route je suis arrivé à Châlons, ville commerçante, un joli port sur la Saône, de superbes marchés.

Delà j'ai été voir la petite ville d'Auxonne, où on voit une garnison de cavalerie, cette ville est fortifiée, auprès on trouve Vesoul, situé entre des montagnes, j'ai pris la route pour me rendre à Baune, pays de bons vins de Bourgogne, près du clos de Vougeot, depuis Châlons jusqu'a Dijon, on voit la Côte-d'Or, ornée par de belles vignes; de distance en distance, tout le long de cette côte, des pays superbes; 'e clos de Vougeot produit des vins excellents. Je n'ai point eu d'ennnui tout le long de la côte jusqu'à Dijon, toutes ces contrées sont agréables ; près Dijon on voit des plaines remplies de moutarde; arrivé à Dijon, j'ai remarqué les monuments les plus précieux, la cathédrale, son théatre, ses belles places, son palais de justice, son académie, la beauté de ses riches magasins, tout est fort beau, la ville est bien bâtie, c'est un de ses grands vicaires qui a été envoyé à l'évêché d'Orleans, à la démission de feu Monseigneur de Beauregard, qui vient d'être appelé à l'archevêché de Tours; dernièrement, dans son voyage à à Rome, le pape l'a fait comte Romain, il est né à Langres.

De Dijon, j'ai été à chaumont, pour me rendre en Lorraine, j'ai été à Nancy, lorsque j'ai vu cette ville il me semblait revoir la ville de Turin, c'est une curiosité que Nancy, j'ai été à Metz et Verdun, villes fortifiées, sur les frontières ; les habitants ne peuvent pas avoir grand mobilier, vu que dès que la guerre à éclaté tout est détruit par les troupes.

J'ai été à Strabourg, ville fort jolie, le peuple parle en partie la langue Allemande cette ville fut cédée à la France sous Louis XIV, nous ne possédons rien de toutes les grandes conquêtes de Napoléon, cependant il avait étendu les limites de la France bien loin ; j'ai traversé une partie de la Lorraine pour venir à la Belle-Epine, près Châlons-sur-Marne, son église est superbe, elle possède deux clochers ; sur l'un d'eux on voit un télégraphe. Il passe peu de voyageurs qui ne visitent cette église.

Delà je suis arrivé à châlons, ville fort jolie, on y voit une belle place, une fabrique d'armes, sa position est fort belle, c'est le siége d'un évêque, je suis venu visiter l'église de Rheims, c'est un monument fort curieux, le portail en est superbe, c'est là le sacre des rois de France, j'ai pris la traverse pour me rendre à Brienne, ville où Napoléon fut admis à son école par la protection de M. de Marbœuf, on y voit un beau château, il y avait un parc d'Artillerie autrefois, c'est dans cette école où Napoléon donna des preuves de ce qu'il devait devenir un jour; il montra les plus belles dispositions pour l'art militaire, aussi on l'a vu s'illustrer par mille exploits.

Plus tard pour me rendre à Troyes, j'ai passé par Saint-Seine, c'est là où la Seine prend sa source, je l'ai passée avec bien de la facilité, tout en parcourant j'étais édifié de voir le peuple assister les jours de dimanches et fêtes aux offices, ce qu'on ne voit pas près Paris; les enfants sont très polis quand on les rencontre dans les chemins, ce qui me porte à croire que les instituteurs instruisent bien leurs élèves.

De Saint-Seine je me suis rendu à Troyes, c'est là où j'ai vu la Seine un peu florissante; la ville de Troyes est ancienne, elle est bâtie en bois en partie, le palais de justice est beau, on y trouve aussi une fort belle place, les environs de Troyes sont beaux, la cathédrale, on n'y vit pas cher, le peuple est bon affable, ayant beaucoup de religion, j'ai voulu connaître les campagnes, j'ai remarqué que dans les environs de cette ville on pourrait voyager à bon marché.

Delà j'ai voulu prendre une route de traverse pour me rendre à Autun, ville fort ancienne, où on trouve des antiquités. de la Déesse Cybele, cette ville est le siége d'un évêque, elle possède un beau séminaire, elle était sous César, le dépôt de ses armes; les environs de cette ville récoltent du seigle.

J'ai pris la route de Château-Chinon, petite ville entourée de bois, elle était le camp des chiens de César, on l'appelle danr l'écriture Castrum Cauis, il n'y a rien de remarquable, c'est le chef-lieu d'une sous-préfecture de la Nièvre, c'est près delà que l'Yonne prend sa source ; delà je suis venu visiter le beau château de l'ancien duc de Damas, qui est fort beau, situé dans la commune de Menetou, ensuite je me suis rendu à Clamecy, petite ville fort commerçante pour les bois qui viennent du Morvan ; cette ville n'offre rien autre chose qni mérite d'être cité ; les habitants eurent, il y a quelques années, de grandes difficultés au moment où l'autorité établit des nouvelles mesures, le sous-préfet fut insulté, on fut obligé d'y envoyer de la troupe pour mettre le bon ordre, une partie de la garnison de Joigny s'y rendit, et le tout était de mal s'entendre ; j'ai pris ensuite le chemin de Chatelus, passant par Vezelay, petite ville sur une hauteur bien élevée, qui était autrefois bien fortifiée ; il y avait autrefois à Vezelay une abbaye, supprimée en 1789 et dont les bâtiments sont aujourd'hui occupés par de notables habitans. Vezelay possède une des plus grandes églises de France, au milieu de laquelle on remarque une chaire dans laquelle Saint-Bernard prêcha la seconde croisade le lundi de Pasques 1114, tous les princes chrétiens se rendirent à Vezelay, Vezelay est une ville qui fut plusieurs fois assiégée par les Champenois, lesquels la première fois n'ayant obtenu aucun résultat, se vengèrent sur le village d'Alquins, situé à un kilamètre de cette ville; ces malheureux tuèrent la majeure partie des habitants de ce village, qui s'étaient réfugiés dans l'église, dont il ne reste plus aujourd'hui que quelques murailles ils prirent le curé et eurent la cruauté de le mettre en terre jusqu'a la tête, qui servait de but aux joueurs de quilles ; j'ai visité le petit village de Fontenay en Bourgogne, où Lothaire, empereur, chercha à dépouiller ses deux frères, Louis le Germanique, roi de Bavière, et Charles le Chauve roi de France ; ceux-ci réunirent leurs armées et en vinrent à une lutte des plus sanglantes, le combat eut lieu le 25 juin 841. La petite rivière qui coule près Fontenay était teinte de sang jusqu'à Mailly-la-Ville ; on prétend qu'il resta sur le champ de bataille 100 mille hommes. Fontenay n'est qu'une petite commune rurale, et n'offre rien d'intéressant. il est situé près la petite ville de Vezelay. Chatelus à un superbe château, qui appartient à un comte du même nom, très ancien, situé sur un rocher ; l'intérieur est superbe quoique l'extérieur annonce peu de chose ; ce comte est très riche ; on voit dans la cour du château un bureau de poste aux lettres, le pays est aussi situé une partie sur une hautéur, l'autre dans un vallon ; sa position est assez pittoresque.

Delà je me suis dirigé sur Avalon, ville fort jolie, très commerçante, c'est une ville des plus agréables des environs, de belles promenades, son église est bien, on y voit de beaux marchés le samedi, on y vient de très loin.

J'ai pris une traverse pour me rendre à Tonnerre, pays où on récolte de bon vin, le le meilleur est récolté à Epineuil. cette ville est entre des montagnes, on ne l'aperçoit que lorsqu'on y arrive ; auprès on voit le beau château de Tamlay, habité par un seigneur du même nom, personnage très remarquable par sa grande charité, le château quoique ancien est fort beau ; j'ai été à Ancy-le-Franc, visiter celui celui du marquis de Loïs, c'est une pièce très curieuse, le seigneur l'habite fort peu, cependant il est bien entretenu, on y voit de belles pièces d'eau ; gagnant Noyères, je suis arrivé à Chablis, pays dont les vins blancs sont fort estimés, ils sont récoltés dans un terrain fort léger, il n'y a rien à Chablis qui mérite d'être cité. J'ai été visiter le beau château du marquis d'Aujoran, qui est situé sur la route de Tonnerre à Saint-Florentin, il est très beau, peu ancien, bien meublé d'après le dire des voisins.

J'ai pris ensuite la route d'Auxerre, passant par Mantigny, où on trouve un château assez beau sur la route ; arrivé à Auxerre, j'ai fixé mon attention sur son église, dont l'extérieur est fort beau, mais l'intérieur n'y répond pas, elle n'est pas bien ornée, l'hôtel de la préfecture est assez curieux, une chose remarquable c'est que l'ancien secrétaire de la préfecture a été mis, après sa mort, dans une tonne d'eau-de-vie, ainsi qu'il l'avait ordonné. Cette ville a une garnison d'infanterie, un joli port sur l'Ynne, où on embarque quantité de marchandises pour Paris ; cette ville récolte des bons vins, les alentours sont beaux, la route du midi à Paris est un grand avantage pour le pays. tout en continuant ma route pour Sens, j'ai passé à Joigny, ville située sur un côteau, des rues fort pénibles, toujours monter ou descendre ; le bas de la ville est bien plus beau; près de l'Yonne on voit un beau port, cette ville possède une assez jolie église, une caserne de cavalerie, le côteau est entouré de vignes qui produisent des vins excellents; on voit le samedi à Joigny de forts bons marchés, ce qui le rend bien bien commerçant. Tout en continuant la route pour Sens, J'ai traversé la petite ville de Villeneuve-le-Roi, où j'ai été visiter sa belle église ; arrivé à Sens, j'ai remarqué sa belle et magnifique église, qui était autrefois le tombeau des rois de France, ses belles tours où on trouve une cloche d'une grosseur immense, ses belles rues, son palais archiépiscopal, ses belles promenades, enfin le séjour de Sens est frt beau, sa position en est magnifique.

A quelque distance de Sens, on trouve une commune appelée Valery, qui est cure royale, c'est la résidence de M. le comte de Sade, dont on dit beaucoup de bien, cette maison fait de grands sacrifices pour les pauvres. auprès il y a Ville-Thierry, qui est aussi cure royale, cette paroisse a possédé il y a environ huit à neuf ans, un ancien prêtre qui a fait quantité d'élèves pour l'état ecclésiastique, d'autres ont été destinés à des emplois fort honorables, aussi à sa mort ses élèves ont fait ériger une magnifique tombe en son honneur.

Le sieur Thibault, personnage d'un grand mérite, âgé de 60 ans, tourneur, aveugle depuis l'âge de 4 ans, travaillant très-bien, je l'ai occupé à cet état, il a appris à ses deux fils, et il travaille depuis l'âge de 14 ans sans avoir appris; père de plusieurs enfants, il serait à désirer que le gouvernemeut vînt à son secours, n'étant pas favorisé de la fortune.

J'ai pris la route de Pont sur Yonne, pour aller voir le beau château de feu le Cardinal de la Fare, archevêque de Sens, habité aujourd'hui par un de ses neveux; il est situé sur la rive droite de l'Yonne, il est curieux, très-vaste; j'ai pensé de suite que les apôtres n'en possédaient pas autrefois de si élégants; si le Cardinal l'habitait, comme il y a toute apparence, il est impossible qu'il pût se pénétrer des souffrances qu'ont eues nos saints Apôtres. car tout était simple chez eux; on me dira peut-être que le siècle ou nous vivons n'est plus le même; fort bien, mais on nous enseigne cependant toujours la même doctrine, pourquoi ne pas suivre les exemples de ces anciens ministres du sanctuaire, qui ne cherchaient que la simplicité dans toutes leurs actions, jusque dans leurs vêtements; il est vrai que le peuple est bien changé, plus de goût pour la religion, aussi dans certains ecclésiastiques tout est bien changé de leur cité, ce qui refroidit bien souvent des âmes tièdes, peu affermies dans les devoirs de notre sainte religion: en effet ce motif est assez suffisant pour les en éloigner. il serait à désirer pour le maintien de la religion, que lorsqu'un ecclésiastique manque à ses devoirs fût puni par son évêque, non le traduire devant les tribunaux, ce qui porte scandale au peuple, et dans la paroisse où un prêtre se trouve dans cet état, il refroidit non seulement ses paroissiens mais plusieurs paroisses environnantes ; d'un autre côté si un prêtre est condamné à une peine infâmante, on le voit dans les journaux, tout celà porte un coup fatal à la religion, il serait donc à souhaiter que jamais on n'admît dans le sacerdoce des hommes semblables. De ce château je me suis dirigé sur Soissons, passant par Château-Thierry ; dans ces traverses j'ai remarqué la bonté des habitants, humains à l'étranger, c'est un plaisir que de voyager dans ces pays ; la ville de Soissons est fortifié, elle possède un siége épiscopal, une garnison, sa cathédrale est belle, sa position n'est point mal.

Delà j'ai pris la route de Laon, ville fort élevée, elle est jolie, de superbes maisons, mais elle est pénible pour y arriver, les environs sont beaux, fort productifs, on voit autour de Laon de superbes villagees. j'ai dirigé ma marche sur Saint-Quentin, ville où on trouve de belles fabriques de faïence, plusieurs églises qui sont de toute beauté, la ville est située dans une belle position, des belles rues, les environs de Saint - Quentin sont admirables, il s'y fait beaucoup de commerce, le peuple est bon, humain, on y boit d'excellente bière, on y trouve de superbes places, cette ville est grande, bien peuplée, elle possède un superbe canal, récolte beaucoup de froment, éguiette, houblon, et autres denrées utiles à la société.

Delà j'ai été voir la ville de Ville-Thierry, près Valéry, aussi cure royale par la protection du général Laferrière, en récompense d'un ancien prêtre, curé à cette époque ; je suis allé voir la célèbre tour de Ham, où le prince Louis Napoléon est détenu, elle est en forme d'ancien château ; je ne pense pas que ceux qui l'ont pour prison , puissent facilement en sortir qué lorsque leur temps sera bien fini , la ville est située dans une vaste plaine ; cette ville ne m'offre pas faire grand commerce ; j'ai pris ensuite la route de Lafère, ville où on trouve une garnison de cavalerie , elle possède de bons marchés , cette ville est située dans un bon terrain , on y récolte quantité de lin , chanvre , un peu de vin de médiocre qualité, ses environs sont fort agréables, on y boit de bon cidre, pas cher pour la nourrituee , on peut y voyager à bon marché , dans les auberge on est très - bien reçu , le peuple a beaucoup d'usage , ce qui est bien pour le voyageur, car j'ai passé dans des pays où les aubergistes ne faisaient aucun cas de vous, ce qui n'entre pas dans les vues du voyageur , que lorsqu'il arrive dans une auberge qu'il trouve des gens polis, il lui semble d'être chez lui, aussi souvent il m'est arrivé de faire deux lieues après le soleil coucher, pour me rendre à mon auberge.

J'ai pris ensuite la route de Meaux, passant par la traverse j'ai pris la rivière de l'Oise , avant d'arriver à Compiègne où j'ai visité le beau camp, comme j'y avais déja passé , j'ai côtoyé sa forêt , ensuite je suis arrivé à Meaux, ville fort bien située dans un bon terrain , elle possède une magnifique église , elle est traversée par la Marne où on voit de forts jolis moulins à farine ; un pont antique , une caserne de cavalerie ; c'est le siège d'un évêque , c'est dans ces environs où on voit de magnifiques fermes, je pense que les fermiers sont riches, on les voit promener à cheval

pour aller voir leurs ouvriers, tantôt en ca-
briolet ce qu'on ne voit pas au loin de Paris.
souvent et presque toujours les fermiers tra-
vaillent aussi fort que leurs domestiques,
vivent à la même table, ce qu'on ne voit pas
près de Meaux. Tout ce que j'ai remarqué de
bien singulier c'est que dans les environs de la
capitale on voit les pauvres instituteurs aller
les dimanches de maison en maison porter
de l'eau bénite et ont pour offrande un morceau de pain ou bien quelques centimes; dans
bien des pays ils font la fosse des morts; usage
qui me parait un peu vil pour la classe des
instituteurs, car selon moi je regarde cette
profession fort honorable, c'est par elle que
tous les hommes se trouvent admis à occuper
des fonctions honorables : c'est donc ces pauvres instituteurs de campagne qui commen-
cent à donner aux enfants confiés à leurs
soins, les premières notions de notre langue,
ensuite ils leur apprennent l'amour de Dieu,
de la patrie, à respecter tout le monde, les
rendent polis autant que leurs faibles moyens
leur en donnent la facilité, sortis de chez ces
messieurs, on les envoie au collège, là leurs
talent se développent et souvent d'une chaumière on tire des hommes figurés aux plus hautes fonctions que nous voyons tous les jours
devant nos yeux; que de remercîments ne
devraient pas rendre les pères et mères de
famille à leurs instituteurs ! et certes bien souvent pour toute récompense de mille peines
qu'ils se sont données, ils éprouvent de l'in-
gratitude. voilà où se trouvent les personnes
qui sont dans l'instruction; je n'oublie pas ici
les institutrices qui s'occupent avec beaucoup

de zèle de leurs élèves, apprennent aussi à ces jeunes plantes le chemin de la vertu , tâchent de les éloigner autant que possible des lieux qui pourraient les conduire dans une route qui les mettrait dans le cas de perdre le fruit des bonnes instructions que leurs institutrices leur ont données ; je suis convaincu moi-même de leurs manières de diriger leurs classes. Je citerai ici mademoiselle Leblanc, institutrice de Souppes, à laquelle j'ai confié les premiers principes de l'éducation de la plus jeune de mes filles qui a fait beaucoup de progrès chez cette vertueuse demoiselle , depuis sa première communion elle fréquente avec sa maîtresse les sacrements, je ne lui entends jamais parler des divertissements comme d'autres enfants de son âge, bien loin quoiqu'elle soit dans sa quatorzième année , son grand amour est d'assister régulièrement aux offices le jour de dimanches et fêtes toujours accompagnée de sa maîtresse , elle a aussi mis à profit les sages avis de monsieur l'abbé de la Fosse, le respectable curé de Souppes, comme elle se destine à être maîtresse de Pension il faut que je la retire de cette vertueuse demoiselle pour la placer là où la providence l'appelera ; je viens de la mettre à la pension de madame Dupuy, à Nemours ; n'étant point favorisé du don de la fortune , j'ai besoin de la protection de quelques personnes qui pourraient s'intéresser à mon sort, je ne fais pas comme font la plupart des parents , je lui recommande bien de ne jamais oublier sa maîtresse et son directeur, en ne perdant point de vue leurs bons avis, en agissant ainsi, elle pourra être considérée partout,

honorée et respectée des gens de biens, c'est-
là les sages avis qu'un père et une mère doivent donner à leurs enfants en leur inspirant
toujours l'amour du bien et non des vanités
du monde qui sont souvent la perte des jeunes-
gens.

Quittant Meaux, je suis venu voir l'ancien
château du maréchal Augereau, que le se
cond mari de son épouse a vendu ; sous le
maréchal il était mieux entretenu ; aujour-
d'hui c'est une maison fort négligée, je ne
crois pas que la maréhale ait fait un second
mariage avantageux.

Ayant pris la traverse, je suis venu à Es-
sonne, voir sa belle fabrique de calicot ; ensuite au moulin Galand, visiter ses beaux
moulins à farine qui sont fort curieux ; j'ai
pris la route de Saint-Vrain pour venir voir
des beaux moulins aussi à farine, de là à Bou-
ray, où on trouve le château de madame la
comtesse de Rugé, son magnifique moulin
anglais ; madame la comtesse a pour régisseur
une personne dont on dit beaucoup de bien,
humaine, affable et charitable aux malheureux, elle a l'estime de tous ceux qui la con-
naissent ; à peu de distance on voit le château
du général Montholon, qui fut acquis par un
prince russe, il a habité jusqu'à 1840, il vient
de le mettre en vente ; je me suis rendu à
Chamarande, voir les travaux qu'on fait
pour le chemin de fer, on a percé des rochers,
c'est comme une voûte, le chemin passe des-
sous, c'est curieux à voir, c'est à Chamarande où on trouve le beau château de M. le
marquis de Talaru, homme de bien, le père
des pauvres, écoutant avec la plus grande

douceur les personnes qui s'adressent à lui ; de là je suis venu voir le château de Montgermeau , de M. le comte de Gontault , gouverneur sous Charles X , des enfants de France ; il est superbe , la duchesse de Berry vint le visiter sous le règne de son beau-père.

De là j'ai pris la route de Courance , pour visiter celui de M. Nicolaï, c'est un monument très antique , depuis 1830 il n'est pas habité, ce que j'ai remarqué de beau ce sont ses belles eaux dont on parle souvent des eaux de Courance ; le château de Courance fut aussi visité par la duchesse de Berry.

J'ai pris la traverse pour aller voir le château de Rosny , ci-devant à la duchesse de Berry, il est magnifique , le propriétaire d'aujourd'hui fait arracher le bout de son parc , il paraît que madame la duchesse de Berry , tous les ans mariait une fille de Rosny ou des environs , payait les frais de la noce , et mettait à l'offrande de la messe un rouleau de 600 livres en or pour dot de la fille , les habitans disent avoir bien perdu en la perdaant, le nouveau propriétaire ne fait pas de même.

L'instituteur d'une commune m'a assuré qu'un jour le duc de Bordeaux visitant l'église de sa commune , près Rosny , il présenta au prince un bouquet de roses tout simplement sur une assiette , le prince mit à la place une pièce de 24 fr. en or , ce pauvre instituteur aurait désiré souvent pareille visite. il paraît d'après le dire de bien des personnes , que madame la duchesse de Berry faisait de grandes charités, elle avait fondé un hospice en faveur des pauvres , une école de sœurs ;

passant dans les campagnes, je suis venu voir pas loin d'Etampes le château de Bouville, qui est très ancien, il vient d'être vendu à un marchand de farine d'Etampes, qui a fait fortune dans le commerce, il appartenait à madame la comtesse de la Balivière, dont on dit beaucoup de bien, elle payait l'école des sœurs et était la mère des pauvres. depuis la vente du château, les sœurs sont parties, sans doute que le nouveau propriétaire ne pense pas comme la comtesse, c'est malheureux pour Bouville d'avoir perdu cette respectable dame; quittant Bouville je suis venu voir l'ancien château de Chemault, près Boiscommun, il est très ancien, d'après le dire des habitans il aurait été habité par un roi, mais on n'a pas sû dire le nom du roi, il n'est pas habité et appartient aujourd'hui à M. de SaintFéréol. auprès on trouve celui de M. de Saint-Michel, personne remplie de charité, il est bien entretenu et on l'habite presque toujours; la position en est belle.

J'ai pris la route de Bellegarde, où on voit un ancien château qui devait être fort beau, il tombe en ruines, ce pays est près la vaste forêt d'Orléans, près Bellegarde, on y voit l'ancien château de Montliard, habité par un seigneur du même nom, ayant une existence bien simple; près Bouville on voit Valpuiseaux, où on a formé une maison d'école magnifique; je suis venu à celui de Toury, commune de Nargis, le château est situé sur une côte et a un superbe coup d'œil, il est tenu, on vient d'y faire construire une chapelle, la dame du château est très vertueuse,

fait beaucoup de charité aux malheureux,
on en dit beaucoup de bien dans les environs.

J'ai pris une traverse pour me rendre à
Mery en Champagne, à peu de distance on
voit les anciens restes du château de feu le
maréchal Brune, il est presque tout démoli
depuis la mort de la maréchale, il paraît
qu'elle avait fait amener les restes mortels
du maréchal d'Avignon, cette dame a fait
beaucoup de charité, à sa mort elle emporté
les regrets des personnes qui l'ont connue ;
delà j'ai été voir le château de Montmiral appartenant à M. de la Rochefoucault, décédé
depuis peu de temps, la ville de Montmiral
a bien perdu à sa mort, il était le père des
pauvres, doué d'une grande vertu, fort zélé
pour la religion, ce château est beau, très
ancien, sur une hauteur, la petite ville de
Montmiral n'a rien autre chose de remarquable, elle est située sur une hauteur.

Tous ces voyages ont été faits sans éprou-
ver la moindre maladie, seulement qu'il fallait que je fusse soutenu de la Providence,
pour pouvoir résister à plus de mille fois me
trouver à jeun à sept ou huit heures du soir,
sans avoir la moindre fringale, dans les grands
jours de l'été au milieu des plus grandes
chaleurs où ma chemise était collée sur mon
corps, en hiver voyager depuis le matin
jusqu'au soir, souvent dans la neige, pour
ainsi dire pieds nus, rien ne m'arrêtait, le
tout pour économiser pour ma famille, sa-
chant qu'elle en avait bien besoin ; voulant
continuer l'éducation de mes enfants, puisque je savais fort bien que je ne pourrais leur
laisser de fortune et qu'en les faisant ins-

truire ils pourraient avec de la conduite se procurer une existence honorable ici bas, je ne cessais dans tous mes voyages de leur recommander d'être sages, obéissants et soumis à leurs instituteurs et institutrices, c'està-dire ceux qui avaient droit sur eux, respectant tout le monde, ne pas manquer de respecter leur pauvre mère qui avait tant de peines pour eux, se privant de bien des choses qui lui auraient été nécessaires, afin de pouvoir par ses épargnes parvenir à avoir de quoi les entretenir et les nourrir, nous avions chacun nos peines, j'ai lieu d'attendre que si la providence met un jour ces pauvres enfants dans un état d'aisance ils viendront à mon secours, je pense avoir rempli ma tâche en ma qualité de père, du côté de ma femme il en est de même, si les enfants ne savaient un jour nous en tenir compte, Dieu ne manquerait de nous en être reconnaissant, remplissons donc toujours nos devoirs et nous serons considérés par les gens de bien. Depuis ma connaissance j'ai été témoin de bien des choses qui sans doute fixeront toute l'attention de mes lecteurs, le second mariage de l'empereur avec l'archiduchesse Marie Louise, la captivité du pape Pie VII à Fontainebleau, celle du roi d'Espagne et de son fils ; l'exil de Napoléon à l'Ile d'Elbe, sa rentrée en France en 1815, le départ de sa famille en 1814, la rentrée de la branche aînée sur le trône de France, leur départ en 1815, à la rentrée de Napoléon, son second avènement au trône semblait être sûr et durable tant il était grand capitaine, sa seconde chûte en trois mois de temps, se voir aller demander l'hospitalité à l'Angleterre, qui était son ennemi juré, en s'adressant à lui il prononça au prince régent les paroles suivantes : je viens comme Thémistocle m'asseoir sur les foyers du peuple britannique que je réclame, Monseigneur, de votre A. R. comme le plus fidèle et le plus constant de mes ennemis. La nouvelle rentrée des Bourbons assistés par les Potentats de l'Europe, semblait placer cette famille sur un fondement des plus solides, point du tout, il était posé sur un sable mouvant, l'assassin du duc de Berry en 1820, qui porta un grand coup à cette dynastie, la mort de Louis XVIII en 1824, fort regretté du peuple Français et des princes de l'Europe, tout ceci se calma par l'avenement du comte d'Artois au trône, son couronnement en 1825, promettait à la France un trône stable et solide, sa déchéance en 1830 ; obligé d'aller demander un asile sur un sol étranger, la prise de madame la duchesse de Berry à Nantes, conduite sur les frontières pour aller rejoindre sa famille, la la mort du fils de Napoléon, en même temps, 7 août 1840, le prince Louis Napoléon, neveu de l'Empereur, débarque à Boulogne, avec une troupe armée, dans l'intention de se placer sur le trône, fait prisonnier, est condamné par la cour de Paris, 3 octobre, à une détention perpetuelle, renfermé au château de Ham, en Picardie ; tout nous fait voir que quelleque soit la puissance de l'homme, il n'est pas maître des événements, l'avènement de monseigneur le duc d'Orléans sur le trône, qui heureussement pour la France a arrêté bien des maux dont je la voyais menacée, combien de tentatives infructueuses contre la personne de ce prince depuis son règne, toujours protégé de la providence, rien n'a pû jusqu'à ce jour ébrancher sa dynastie, enfin un accident inattendu vient de plonger cette famille dans le plus grand deuil, à l'occation de la mort du fils aîné, le prétendant au trône de France, laissant une épouse chérie, deux enfants en bas âge, quel sera donc le sort futur de ces deux jeunes princes, personne ne peut le prévoir, ce sera la providence qui en décidera pour leur avenir, tout ceci me livre à de grandes reflexions sur les malheurs que j'ai éprouvés, et le souvenir devient pour moi bien plus doux en voyant que les grands de la terre ne sont pas exempts des tourments de la vie, alors les maux passés ne sont plus rien pour moi, je me rappelle ces paroles : *quid prodest homini mundum universum lucretur vero animœ suœ detrimentum patiatur;* je ne pense plus au bien de ce monde, je ne m'occupe plus qu'à me rendre utile à mon prochain, pour quant au reste je laisse agir la providence sur mon nouvel avenir, avec cela je je suis heureux et content, les biens de la terre ne m'occupent fort peu en effet, ils doivent peu intéresser les hommes, mais la plupart ne font point ces reflexions, ils aiment mieux entasser or sur or, argent sur argent, que de soulager les malheureux, nous avons des hommes qui ne méritent pas d'être sur terre ; pendant leur vie ils ne font point pour un centime de bien aux malheureux, dans la page... j'ai parlé de feu M. Debisemont, à l'occasion de son petit-fils M. le marquis de Martel, petit descendant de Char-

les Martel : M. Debisemont a laissé un magnifique château à Gironville, ptès Etampes,
et un second appelé Vignay, sur une hauteur dans une plaine, son tombeau est aussi sur une hauteur au-dessus de Gironville.
On voit à Fleury près Melun, le beau château de M. de la Rochejacquelin, il est fort
antique, mais il en est pas moins beau,
auprès on trouve Chailly, poste au chevaux,
M. Delion en est propriétaire, il était du
même âge que Charles X, et le roi dans
son passage à Fontainebleau avait toujours
un entretien avec lui, M. Delion a sa demoiselle à Ponthierry, madame Dugué di-
rectrice de la poste aussi aux chevaux, femme remplie de vertu, très attachée à la
religion ; près Malesherbes on trouve le château du grand orateur M.Berryer, personne
qui fait beaucoup de bien aux malheureux, Son
château est situé à Augerville-la-Rivière, il
est chéri de toutes les personnes qui le connais-
sent ; j'ai vu à Malesherbes la colonne érigée
à l'honneur du capitaine Lelièvre, ensuite
de ses exploits en Afrique. M. de Courcy,
j'en ai parlé à la page... , habite son château de Sully-aux-Bois, près Orleans : c'est
le père des pauvres. Passant dans une commune de la Bourgogne, l'instituteur m'a fait
part d'un fait arrivé dans son pays qui est
digne d'être cité : un beau-frère était sur le
point de faire exproprier son beau-frère,
pour une somme qu'il lui avait prêtée, le
jour même que la vente devait avoir lieu,
le poursuivant vint à mourir, et n'avait
pour héritiers que ce beau-frère ; il laissait
seulement 150 mille franes de capital : l'huis-

sier arrive pour procéder à la vente, il trouve son client mort ; il envoie aussitôt appeler le débiteur en lui annonçant que toutes poursuites contre lui étaient finies, que son parent venit de rendre les derniers soupirs, et qu'il avait à le féliciter d'être son héritier, on ne saurait croire quelle fut la surprise de ce pauvre malheureux de se voir sortir par le plus grand fait de la providence d'entre les mains de la justice, il jette un regard de compassion sur ce malheureux usurier, il voit son corps étendu dans son lit de douleur, ses viandes éparses ; les fermiers arrivent, l'appellent leur maître : combien ce pauvre homme était content ; ainsi il arrive souvent que lors qu'on se croit perdu on est sauvé ;

Je pense que cet homme a dû remercier le Seigneur du prodige qu'il venait d'opérer en sa faveur, ce fait est arrivé à Rosny, près Saint-Fargeau. voilà quel est l'ambition de de ces hommes qui sont si avides des biens de la terre, ne connaissant ni parents ni amis, toutes les supplications que son parent lui faisait ne servaient de rien, il voulait le réduire à la dernière des misères pour contenter son avidité, alors il fallait donc que la providence prit la malheureuse cause de l'opprimé. quelle folie de la part des hommes de s'attacher à des biens si passagers qu'il faut abandonner dans un instant, il serait donc plus à propos de s'occuper à ramasser d'autres biens qui sont plus utiles à notre bonheur éternel, ceux-là méritent d'y faire attention ; mais souvent on ne travaille que pour le monde et rien pour l'éternité, telle est l'ambition des hommes avares, cherchant pendant le court pèlerinage qu'ils font en ce monde à ruiner des pauvres pères de familles, s'enrichir des dépouilles des malheureux, pour le bien que ces hommes font ici bas il vaudrait mieux pour eux n'avoir jamais vu la lumière, car en agissant ainsi il ne peuvent s'attendre qu'un malheur éternel dans l'éternité, laisser en mourant un triste souvenir de leur vie, tel qu'a fait ce malheureux dont j'ai parlé plus haut, il voulait faire du mal à son prochain et Dieu l'a appelé à son tribunal, il nous reste à savoir s'il a eu un repentir sincère de tout ce qu'il avait commis pendant sa vie en mourant; j'avais omis de parler que j'ai été voir le château du prince Berthier, à Gros-Bois, de la commune de Boissy-Saint-Léger, il il est fort joli, c'est un des plus beaux de ces environs, ce prince a épousé mademoiselle Clary, il est fils de l'ancien ministre de l'empire en 1814. en venant de Gros-Bois, j'ai passé par la cour de France, monument assez curieux par ses deux fontaines, auprès on voit le château du prince de Trémouille, à peu de distance celui de la duchesse de Raguse, sœur de l'ancien banquier Laffite. cette duchesse a montré un grand caractère depuis 1814, elle a renoncé à son mari, ensuite de sa trahison à l'empereur; j'ai été à Pont-Carré voir le beau château du banquier Rochine, l'un des plus riches de l'Europe.

Delà je me suis rendu à Bordeaux-les-Rouches, voir son château, dont M. Paul de Bergasse en était le propriétaire, il faisait exploiter lui-même, il vient d'être vendu dernièremedt, ce Monsieur emporte les regrets des

habitants, tant il était homme de bien ainsi
que son épouse, on trouve auprès de Corbeille
celui de M. le comte de Tarade, dont on dit
beaucoup de bien, la position de ces deux châteaux est fort bien en été, mais en hiver elle
est difficile, situés sur un terrain impossible
de s'en arracher, surtout par un temps humi-
de, on voit autour des marais; l'arrivée à l'a-
venir sera moins difficile, parce qu'on construit une route de Montargis qui est presque
terminée, les habitants de ces pays auront
plus de facilité pour se rendre au marché
de Montargis, qui est la ville la plus commerçante de ces environs; près Bordeaux-les-
rouches existait une verrerie, elle est entièrement démolie depuis peu.

J'ai fait tous ces voyages en éprouvant beaucoup de fatigue, faisant souvent des dix et
douze lieues, être le soir sans avoir rien mis
dans mon corps afin de ne dépenser que
le soir, seul moyen pour mettre d'avantage de
côté pour mes enfants; un jour où j'ai éprouvé
bien des fatigues, c'est le 29 septembre 1842,
près d'arriver à mon domicile, à peuprès à la
brune, j'en étais à peuprès à une demi lieue,
tout à coup le tonnerre gronde, le temps s'obs-
curcit, me voilà enveloppé dans les ténèbres
de la nuit, je m'égare de mon chemin et je
fus tomber à un pays à deux bonnes lieues de
chez moi, sans connaître le pays, il pleuvait à
verse, ce pays était rempli d'eau, je ne savais
ou j'étais, tout à coup je rencontre deux femmes avec des lanternes, je leur demande le
nom du pays, elles me dirent c'est Aufferville,
alors pour n'être plus dans le cas de m'égarer
de nouveau, je pris la route de Nemours qui

me faisait 4 lieues pour me rendre à mon domicile, toujours une pluie abondante qui tombait, ne pouvant ouvrir un mauvais parapluie
que j'avais à cause du vent, je me croyais fort
heureux d'avoir une route, je remerciai la providence de m'avoir si bien gardé, arrivé à Nemours j'ai pris le canal croyant être aussi bien
que sur la route, pas du tout on avait sortie de
la terre du canal qui n'était qu'une boue, après
avoir fait une lieue de bon chemin je m'enfon-
ce dans un bas à ne pouvoir m'en retirer
qu'avec beaucoup de peine, enfin après m'être
adressé à la Sainte-Vierge, je parvin à m'arracher tout couvert de boue, un chemin rempli
d'eau, me voila donc arrivé chez moi en cet
état, je fus obligé de laver mes pieds et
mes jambes, quoique fatigué je ne vou-
lus pas qu'on fit chauffer de l'eau, je me
suis mis dans l'eau froide, c'était à peu
près à minuit, ce trajet du 29 septembre
me fit faire 6 lieues au lieu de 4, j'étais là avec
un modeste déjeuner de 25 centimes, j'ai mangé une petite soupe froide et j'ai été me coucher tant j'étais accablé de fatigue, je ne sentais pas un caillou qui était entré dans mon
talon gauche, qui était aussi pointu qu'un clou,
alors j'éprouvais une grande douleur, mon
épouse aussitôt le jour me l'arracha et je fus
aussitôt soulagé, je n'ai pas du tout été indisposé, je me suis dit en moi-même il faut que
je sois conduit par une providence toute par-
ticulière, car d'un état pereil ayant eu chaud
et froid il y en avait assez pour être malade à
ne pas même m'en retirer, il faut croire que le
Seigneur croit que mon séjour sur cette terre
des vivants est encore utile à ma famille, vu

que mes intentions ne tendent qu'à l'élever pour pouvoir se rendre utile à la société, faire tout le bien que ses moyens lui permettront , voilà journellement ce que je recommande à mes enfants, respectant tout le monde, venant au secours de l'infortuné, en suivant ces avis ils sont sûrs de ne jamais s'eloigner du chemin de la vertu, telles sont mes attentions, je suis bien aise après m'être remis de ma grande fatigue du 29 septembre dernier d'apprendre que le frère de l'abbé De Lafosse, venait d'être nommé curé de canton , ces deux respectables ecclésiastiques méritent bien la confiance et l'estime que monseigneur l'évêque de Meaux peut leur donner; ils sont remplis de zèle dans le saint ministère, doux, affables envers tout le monde, se plaisant à rendre service, je leur dois à l'un et à l'autre en particulier mille obligations, les habitants doivent se glorifier de posséder au milieu d'eux deux ecclésiastiques aussi recommandables; ces MM. ont encore avec eux leur mère et une nièce, cette respectable mère déjà avancée en âge, doit se féliciter d'avoir donné le jour à deux enfants doués d'une si grande vertu, je ne suis point surpris des qualités de ses deux fils en voyant cette bonne mère si vertueuse , aussi elle donne bon exemple a sa petite fille qui quoi qu'encore jeune annonce vouloir suivre les traces de sa bonne maman et de ses deux oncles, ces deux MM. ont pris naissance en Normandie, cette province en nous donnant ces deux ecclésiastiques avait bien senti la nécessité et l'importance que le pauvre diocèse de Meaux avait besoin des prêtres remplis de zèle, attendu que la religion n'y est pas bien af-

fermie, il est donc très urgent pour nous d'avoir
de bons ministres donnant bon exemple, édifiant les fidèles par leur vertu; alors cette foi
qui est si chancelante parmi nous reprendra
son empire et bientôt avec le secours de la providence nous nous metrons au rang des diocèses dont la foi est inébranlable, ce que
nous devons attendre un jour du très haut.

Je joins ici à cette petite brochure la chronologie de ma famille dont l'origine remonte
à Thierry II et plus ancienne, je pense que sa
vraie origine remonterait depuis la tribu de
Levi, par des anciennes notes que défunt ma
mère m'avait laissée, mais je ne possède le nom
de chaque membre de la famille que depuis
1660, heureusement par une vieille note que
défunt mon père avait prise en bas âge en s'amusant pendant ses vacances, je ne sais comment elle avait pu être conservée, elle s'est
trouvée dans un livre classique: dès qu'elle
tomba entre les mains de ma mère elle sut bien
la conserver afin de se rappeler de ses malheureux ancêtres, aussitot que je sus un peu écrire
elle me fit prendre une copie pour me donner
une idée de mes parents à laquelle j'y ai joint
mes enfants qui figurent ici.

CHRONOLOGIE

De la famille Desaint - Roman.

Ses armes étaient un lion et une épée; ainsi suivent les noms des membres de cette famille: M. Maximien-Adrien-Alexandre comte Desaint Roman, officier à la cour de Thierry II; M. Stanislas-Xavier-Louis comte de Voltagio, marié à mademoiselle Augustine-Angé-Agathe Desaint Roman, le 4 octobre 1684, avec les conditions suivantes: qu'au décès de M. le comte Desaint Roman, son beau-père, prendrait le titre de comte Desaint Roman. M. le comte de Voltagio servait en qualité d'officier supérieur aux armées romaines, à Avignon. De ce mariage naquit M. Adolphe-Pierre-Maximilien vicomte Desaint-Roman, colonel aux gardes françaises, M. Alphée-Jerôme-Amédée marquis Desaint-Roman, capitaine de marine, M. Ferdinand-Auguste-Anatole chevalier de Malte, attaché à l'ambassade de Rome; mariage de M. le vicomte Desaint-Roman à mademoiselle Marie-Ferdinande-Adelaïde de

Saint-Féréol ; de ce mariage naquit M. le vicomte Adolphe-Pierre Desaint-Roman, marié à mademoiselle Marie-Anne-Adelaïde d'Alençon ; de ce mariage naquit M. le vicomte Léopold-Charles-Cyprien Desaint-Roman, officier supérieur sous l'empire, victime de la brutalité des esclaves de la Guadeloupe, dernier membre de cette famille, M. Jean-Joseph-Alphée Desaint-Roman, héritier de tous les titres non de la fortune, puisque le tout a été vendu ; marié en premières noces à mademoiselle Marie-Madeleine Cousson, de ce mariage naquit mademoiselle Marie-Elisabeth-Célestine Desaint-Roman, née le 16 janvier 1817, à Mont-Boucher (Drôme), mademoiselle Emélie-Caroline-Philippine Desaint-Roman, née à Mont-Boucher, le 15 janvier 1820, M. Alphée-Léopold-Amédée Desaint-Roman, né le 28 novembre 1822, aussi à Mont-Boucher, au neuvième hussards ; second mariage à mademoiselle Marie-Anne-Adèle Laurent ; de ce mariage naquit mademoiselle Elisa-Clémentine-Adelle Desaint-Roman, née à Saint-Martin-l'Inférieur, le 25 avril 1825, décédée à Viviers, le 25 février 1826, M. Maximien-Ferdinand-Charles Desaint-Roman, né à Viviers (Ardèche), le 13 avril 1827, mademoiselle Elisa-Clémentine-Adèle-Rosalie, née à Ponthierry, près Melun (Seine-et-Marne), le 24 juin 1829, mademoiselle Elisabeth-Célestine, est marié à M. Suaray, à Angoulême, mademoiselle Emélie, sa sœur, est avec elle, les deux plus jeunes sont encore à la maison paternelle.

Je crois que la famille Desaint-Roman ne

possédait point à cette époque de garçon, attendu que M. le comte de Voltagio fut obligé de prendre le nom Desaint-Roman, il signait avant la mort de son beau-père, Chapuy, comte de Voltagio, titre qu'il avait acquis de ses ancêtres, nom italien, cet officier servant sous la puissance du pape, il fut envoyé à Avignon, ce fut-là qu'il fit connaissance de mademoiselle Desaint-Roman, sans doute je ne puis donner d'autre renseignements plus précis sur ma famille, n'ayant pu recueillir que ces simples notes, ne pouvant concevoir comment elles n'ont pas été la proie de la révolution, je suis bien aise que ceci soit inséré dans cette petite brochure afin que mes enfants puissent connaître un jour leur naissance, en les engageant à bien se conduire partout où la providence daignera les appeler, faire voir à la société qu'ils sont dignes de porter le beau nom Desaint-Roman, croyant que le peu de personnes en France le portent excepté M. Desaint-Roman, de Méréville, nom qu'il a acquis par ses ancêtres, leur propre nom était auparavant Desenne, malgré mes grands voyages ce M. est le seul que j'aye pu rencontrer tant en France qu'à l'Etranger, je pense que mes lecteurs se feront un plaisir de lire avec la plus grande attention tous les pénibles passages qui ont accompagné ma vie jusqu'à ce jour, qui ont été en partie bien tristes pour moi, je ne sais comment la providence a pu me conserver si long-temps, je puis dire qu'il faut que je sois bien chéri d'elle, car en me rappelant ici les époques de toutes ces courses,

5.

je ne puis jamais croire avoir pu me tirer de
tant d'embarras, voyager tantôt dans des mo-
ments où à peine on peut circuler par un
temps très-mauvais, le soir arrivé dans une
auberge tout mouillé. je citerai ici un jour
qui me paraît fort remarquable, un jour de
la Toussaint étant parti dès le matin par un
temps qui me paraissait assez beau, vers les
deux heures du soir le temps se couvre,
quelques minutes après la pluie tombe avec
abondance, j'ai voulu toujours continuer mon
voyage jusqu'à la nuit, arrivé le soir dans
une auberge il ne me restait pas un de mes
vêtements secs, l'auberge avait un bon poêle,
malgré tout cela pendant le peu de temps
que je pris pour faire mon modeste repas,
je ne pus parvenir à faire sécher mes hardes,
en me couchant je fus obligé d'ôter ma chemise et la mettre à côté de moi croyant que
elle sécherait la nuit par la chaleur de mon
corps, et point du tout le lendemain elle
était aussi mouillée que le soir, aussitôt
le jour je l'endosse et je me remis en route
par un temps fort beau, à midi je ne me
rappelai plus de la mauvaise journée de pluie
je fus parfaitement sec, alors je remerciai
la providence du bien qu'elle venait de me
faire, chose que tout le monde devrait faire
en pareille circonstance, puisque ce n'est
que par elle qu'on peut exister ; dans cette
vallée de larmes, puissions nous, mes chers
lecteurs, être tous pénétrés d'un semblable
sentiment, c'est là que repose le vrai bonheur sur la terre, en attendant de jouir de
celui qui nous est réservé dans l'éternité.

Je ne dois pas oublier de rappeler à mes lecteurs que dans le dernier voyage d'un placement de 1020 exemplaires en moins de 18 mois, je ne puis que me féliciter des bons accueils que j'ai reçus de la part des personnes auprès desquelles je me suis présenté pour leur offrir ma petite brochure, le nombre de celles qui n'ont point répondu à mes offres est si petit qu'il ne mérite pas d'en parler, cependant j'ai trouvé dans la haute classe et dans la basse un petit nombre qui à la vérité ne mérite pas d'avoir vu le jour, la hauteur de ces personnes est si grande que je ne pouvais pas croire que les vers de terre soient si remplis d'orgueil, malgré toute l'éducation qu'elles ont reçue je ne puis me faire une faible idée de ces gens, on devrait se rappeler cette onction qui nous est faite chaque année par les ministres du sanctuaire en prononçant ces paroles *memento homo quia pulvis es et in pulverem reverteris* point du tout rien n'est capable d'abattre l'élévation de ces personnes, elles pensent avoir été créées pour occuper éternellement cette terre des vivants, les unes on ne peut leur parler, les autres vous font faire longtemps antichambre, quelle folie pour des gens qui doivent être livrés au premier jour à la pâture des vers, de ne point parler à une créature composée de chair et os comme eux cette fortune que Dieu a placée entre leurs mains doit être destinée aux malheureux, si j'avais possédé des richesses ici bas, j'aurais voulu me rendre utile à mon prochain, ce néanmoins mes faibles ressources quand puis soulager l'humanité souffrante, mon cœur éprouve la plus vive satisfaction, qu'il sera pénible à ces riches de quitter ces beaux châteaux, quel moment déplorable pour eux quand un ministre viendra près de leur lit pour leur prodiguer les secours de la religion en prononçant ces paroles lugubres : *profci céré anima christiana de hoc mundo*, que ce dernier moment fera faire de sérieuses réflexions pour aller paraître devant le souverain juge qui leur dira retirez-vous de moi, vous avez abusé de la fortune que je vous avais confiée, allez-en recevoir la récompense dans les abymes éternels, puisque vous n'avez pas voulu être du nombre de mes élus ; il est vrai ces paroles de l'écriture sont bien appliquées, *profci céré*.

Une chose qui a fixé mon attention dans le voyage dont j'ai parlé à la page 000 en me présentant chez un des fermiers d'une commune près Montargis pour lui offrir un exemplaire ; il m'offrit dix centimes de 97 pages d'impression, je lui repondis : monsieur je vous remercie bien, je pardonne votre peu de connaissance, mais quelle fut ma surprise quand j'appris que le maire de cette commune était illétré, je ne pouvais pas croire qu'on trouvât en ce moment des magistrats de ce genre, qui ne fait réellement pas honneur au pays, sans cependant rien ôter des qualités de cet homme.

Près Montargis, j'ai passé dans un pays appelé Coltra, qui etait dit-on jadis avant Paris, la capitale de France, il paraîtrait que ce pays aurait été détruit par les anciennes guerres, en effet on trouve des anciens murs bien loin, il n'est plus rien aujourd'hui, l'église tombe en ruines, et n'offre plus qu'un pays malheureux ; j'ai vu dans le même voyage à Châtillon-sur-Loing, un ancien château des ducs de Luxembourg avec une vieille tour, le tout tombe en ruines, Châtillon n'a rien de curieux, le canal du Loing y passe ; on trouve Saint-Maurice-sur-Aveyron, où on voit l'enceinte d'un autre château appartenant au même duc, entouré de fossés remplis d'eau comme si le château existait, on y pêche du poisson, ce monument avait l'air d'un ancien fort ; dans le territoire de la même commune on trouve Fontaine-Jean, ancien couvent destiné aux personnes de distinction, fondé par S. A. M.lle de Beaufromont, avec S. A. Pierre de Courtenay. le corps de bâtiments existe encore, et une partie de l'église dans laquelle on voit la pierre gravée où reposent les cendres de mademoiselle de Beaufromont, monument appartenant à une personne fort respectable, on croit que Saint-Maurice était autrefois ville, c'est encore une petite commune rurale, il y a cinq foires par an, plusieurs pélérins viennent tous les ans visiter la fontaine de Saint-Lazare, les bourgeois de ce pays sont très humains, je me rappelle de l'honnêteté de M. Roux, de la Ville-Neuve, de M. Rubion et du fermier de la ferme du Chanoine de M. Blanchet et sa dame mon aubergiste, M. Baptiste, son oncle, qui me racontait ses campagnes militaires, pendant plusieurs jours je parcourus la campagne de Saint-Maurice.

Je viens de faire un voyage dans le midi de la France, dans ce trajet de deux mois j'ai voulu connaître en passant par la Bourgogne, la haute montagne de Montbuveray, elle est située sur le Morvan, où tous les ans on célèbre une magnifique foire, plusieurs personnes s'y rendent, non pour cause de commerce mais pour agrément, d'autres y vont en pélérinage implorer le secours d'une fontaine dont on dit que l'eau est salutaire pour le mal des yeux, on y voit des anciens murs qui annonçaient des remparts d'une ancienne ville fortifiée; enfin on dépeint sur cette montagne plusieurs pays fort éloignés; on remarque à Bouveray l'ancienne route qui y conduisait qui n'est pas encore détruite, qui est un ouvrage des Romains; la foire tient tous les ans le premier mardi de mai; on trouve sur cette montagne encore des caves souterraines, tout ceci prouve la certitude qu'il a existé quelques monuments jadis sur cette montagne; je pense que la plus élevée c'est le Puy-de-Dôme que j'ai visité dans mes autres voyages; tout en continuant le but de mon voyage je voyais cette proportion de récolte qui me donnait la certitude d'une abondante récolte; des affaires toutes particulières m'appelaient à la petite ville de Rochemaure, j'y suis arrivé le 15 juillet dernier, veille de la bénédiction d'un beau pont sur le Rhône, où plus de 15,000 curieux sont venus pour être témoins de cette grande et magnifique fête pour Rochemaure; le 16 à 3 heures du soir je vis passer sous la fenêtre de ma chambre, dans laquelle j'étais malade, une superbe procession à laquelle

assistaient toutes les premières autorités de
de l'Ardèche, on entendait le chant religieux
qui vraiment inspirait tout le respect dû à
cette cérémonie, tantôt le son d'une musique
guerrière. il me semblait être aux fêtes du
Champ-de-Mars à Paris, tout ce qui me fa-
tiguait beaucoup c'était de me voir éloigné
de ma famille, mes regards étaient tournés
vers le nord, enfin je vis le respectable prélat
de Viviers donner sa bénédiction à ce pont,
ensuite retourner la procession en entonnant
le *Te Deum* en actions de grâce de la bonne
œuvre qu'on venait de faire; cette fête fut
terminée par un superbe feu d'artifice.

Deux ou trois jours après je le traversai
pour aller rendre visite à M. l'Archiprêtre de
la ville de Montelimart, ancienne connaissance qui depuis 33 ans, époque à laquelle nous
etions ensemble au petit seminaire de Saint-
Jean-en-Royan (Drôme), nous n'avions pu
avoir l'occasion de passer un instant ensemble.
cet ecclésiastique me reçut de la manière la
plus convenable, il m'invita à dîner avec lui
je lui promis pour le 26 du courant, où assistait à ce dîner M. le curé d'Alan ; après avoir
pris congé de cet ancien ami, je fus voir un
de mes anciens élèves appelé M. Landrau,
auprès duquel je fus reçu avec toute l'amitié
que peut avoir un écolier envers son ancien
maître ; son épouse et son fils me témoignè-
rent la joie que ma visite leur procurait.

Après avoir parcouru à la hâte mes anciens
amis, je pris la route du Vivarais, en tra-
versant ces pénibles montagnes pour me rendre auprès de ma famille qui m'attendait

avec la plus vive impatience , j'admirais ces pays, malgré leur position, que la religion , y était bien observée ; dans la plus petite commune on voyait une école de sœurs , et le peuple y est très bon ; il est certain que dans quelques années le midi de la France aura un grand nombre de couvents de femmes. On vient d'en fonder un à Montelimart , sous les ordres des trappistines, à l'ancienne maison de campagne de M. Sabattu, ancien juge-de-paix de Montelimart. la position de ce couvent est fort belle , très-pittoresque , agrément qui convient aux personnes qui embrassent l'état religieux ; retiré des dangers qu'on court dans le monde , c'est là le meilleur moyen de mériter le bonheur qui nous est réservé dans l'éternité ; j'ai pris le chemin de fer de saiut-Etienne à Roanne, où dans le trajet de 20 lieues on rencoutre beaucoup de montagnes , un cheval seul conduit une voiture dans laquelle on peut placer 60 personnes , ensuite on cesse d'avoir un cheval pour monter une montagne , qui fait marcher la voiture par la vapeur ; après on reprend un cheval pendant quelques minutes pour être ensuite conduit par un seul conducteur, alors la voiture va aussi vite que la rapidité de l'air , même on en perd haleine tant elle va promptement , en peu de temps on fait 3 lieues , on reprend un autre cheval pour vous conduire à Roanne , enfin partant à 7 heures du matin de matin de Saint-Etienne, nous sommes arrivés à midi 5 minutes à Roanne ; c'est dans cette ville que j'ai vu un superbe pont en pierres , j'ai pris la rive gauche de la Loire jusqu'à Gien pour me re... chez moi ; ce rivage est fort beau , on pas se une partie dans la forêt, le Bourbonnais, le Nivernais et le Berry, pour arriver à Gien, ville où j'ai pris le Gatinais, pour arriver à Langes où on voit un ancien château ha-heté par un anglais qui parait fort riche. les écuries de ce château ont plus d'appa rence que lui ; cet anglais a plusieurs che- vaux de luxe, quantité de domestiques en, partie tous de sa nation: de-là je suis ar- rivé à Montargis , après quelques heures de marche auprès de mon épouse et de mes en- fants qui m'ont serré dans leurs bras en reconnaissance de mon long voyage et re- merciant le Saint-Esprit de m'avoir rendu à eux.

FIN.

Pithiviers, Imp. de Chenu.

www.ingramcontent.com/pod-product-compliance
Lightning Source LLC
Chambersburg PA
CBHW052052270326
41931CB00012B/2724